Communication Design
Miki Saijo

コミュニケーションデザイン

西條美紀

くろしお出版

目　次

序　論　コミュニケーションデザインとは 1

本書で扱う問題／2
コミュニケーションデザインとは？／3
反対派がいる会議の傍聴のデザイン／5
公共的な問題とコミュニケーションデザイン／7
本書のガイダンス／9

第1章　意味はともに作り出すもの
――コミュニケーションの共同構築モデル.....................11

記号・対象・意味／12
コミュニケーションモデル①　導管メタファー／13
会話の協調の原理／15
あるディスコミュニケーション／17
コミュニケーションモデル②　共同構築モデル／19
「コミュニケーションデザインを行う」とは／21
問診のコミュニケーション：部分的な失敗を超えて／22
広告のコミュニケーションデザイン／25
世界観の違いを架橋するコミュニケーションデザイン／27

第2章　神話から対話へ
――原子力のコミュニケーションデザイン 33

原子力のディスコミュニケーション／34
類推／35
仮説形成的推論／36
九州電力やらせメール事件／38
九州電力の不透明な行動とその文脈／40
説明番組のコミュニケーションデザイン上の問題／42
仮説形成的推論を誘発するコミュニケーションデザイン案／45

第3章 ゼロレベルのコミュニケーションデザイン
——市民による太陽光発電を目指して 53

電気のない暮らしと空気のような電気／54
地域分散型電源としての太陽光発電への期待と懸念／56
ケーススタディ　掛川市における太陽光発電普及の社会実験／60
掛川市での100世帯調査／64
イノベーターとそれ以外の人々の違い／66
違いを踏まえたコミュニケーションデザイン／67

第4章 目的のデザイン
——多職種連携の疑心暗鬼を解消したい 73

地域の困りごとの複雑さ／74
地域健康医療支援センターという考え方／77
相互行為としてのコミュニケーションの意味／78
疑心暗鬼を解消するコミュニケーションデザイン／80
ケーススタディ　掛川市地域健康医療支援センター意見交換会／82
グループワークの方法／84
グループワーク1：6事業の課題／86
グループワーク2：新センターに関する疑問と課題・期待／88
グループワークの分析結果／89
「6事業の課題」の集計結果／90
事業ごとの指摘関係／92
課題の指摘関係の対応分析／93
課題解決への展望とさらなるコミュニケーションデザイン／96

第5章 計画のデザイン
——裁判員裁判における理想の評議 99

評議における計画のデザインとは／101
判決の正統性について／103
正統性の三分類と判決／104
判決をめぐる三つの主体にとっての正統性のあてはめ／106
正統性のある判決を導くために／107
計画のデザインとしての理想の評議が目指すもの／109
量刑判断に市民が関わることの意味／110
「私」が関わって刑罰を科すことの報酬／112

第6章　実践のデザイン(1)
――十全参加を促す評議デザイン............................115

ハーバーライト事件における殺意の認定スキーマ／116
スキーマの違う参加者間の話し合いと素朴交渉／120
評議デザインの構成／122
手順／123
道具／128
言葉／132
わかるだけでいいのか／135

第7章　実践のデザイン(2)
――ハラスメントとジレンマからの脱却......................139

ハラスメントとジレンマの過程／140
あるセクシュアルハラスメント／143
ハラスメントの解決のための修正のサイクル／146
技術者のジレンマ：「ギルベインゴールドケース」／148

第8章　実践のデザイン(3)
――言語トラップから身を守るためのメタコミュニケーション.........159

オレオレ詐欺の談話の構造／163
始め（開始部）／165
なか（主要部）／166
終結部（おわり）／168
言語トラップから身を守るために／169
メタコミュニケーションのすすめ／171
Aはどう言えばよかったのか／173
全体を俯瞰し、調整する言語技術をもつ／174

第9章 考察のデザイン
―疑心暗鬼の後で 177

1年後の「ふくしあ」（地域健康医療支援センター）／179
考察のデザインの目的／181
参加者／182
分析の材料と方法／183
結果／184
地域包括ケアシステムの新たな目標設定のために／188

第10章 わたしのコミュニケーションデザイン
―問題解決のためのデザインタスク 191

タスクの構成と実施方法／192
問題解決の道筋を見出す実践のデザイン：7ステップで可視化／194
　①コメントマップ作成／194
　②問題概要の記述／195
　③問題から課題を抽出し目的を設定／196
　④GPIOサイクルを作成／197
　⑤実践のデザインとしての参加のフォーマットを作成／198
　⑥デザインの結果について考察／198
　⑦他者のコメントを統合した問題解決の道筋／198
コミュニケーションデザインの限界／199

あとがき／201
参考文献／203

---

column

コミュニケーション「デザイン」再考
　　―意味の共同構築と生物進化の相似性から／30
「討論型世論調査」の目的は？／50
人々をどうとらえるか―GPIOと質問紙調査／70
話し合いを助けるファシリテーター／137
研究と「対話」の板ばさみ―研究者の対話活動は規範頼り？／156

序　論　コミュニケーションデザインとは

　あなたが朝通る道の脇のベンチに、いつも同じおばあさんが座っているとする。多くの人がその前を通るが、誰も話しかけない。しかし、あなたを含め通行人は、毎朝見かけるこのおばあさんを気にはしている。それが証拠に通行人の多くは彼女のほうを見る。もし、何カ月かしてそのおばあさんを昼も夜もこのベンチで見かけるようになったら、あなたはどうするだろうか。家族とそのことについて話すだろうか。警察に連絡するだろうか。おばあさんに話しかけてみるだろうか。それともなるべく気にしないようにするだろうか。

　警察庁の調べによると、2011年に警察に行方不明届が出された人のうち70歳以上の高齢者は15,289人だった。行方不明者の総数が前年比1.2%増とほとんど変わらないにも関わらず、70歳以上は25%も増えている[1]。2011年については、3月に発生した東日本大震災での逃げ遅れ等による被害もあって、大きな増加率になっているが、70歳以上の行方不明者は、2006年から一貫して増加し続けている。そして高齢の行方不明者の多くが認知症を患っているという。あなたが通勤・通学路で見かけるただ、じっと座っているおばあさんが認知症だとは限らないし、何も問題はないのかもしれない。しかし、何かの助けを必要としているのかもしれない。

---

[1] 「平成23年中における行方不明者の状況」警察庁生活安全局生活安全企画課 http://www.npa.go.jp/safetylife/seianki/H23yukuehumeisha.pdf（2013年4月30日）

❖ 本書で扱う問題

　世の中には誰かと誰かの領域のあいだに落ちてしまう、あるいは複数の領域にまたがる、結果的に誰の領域にも属さない問題がたくさんある。そしてこのような問題は、いかに傑出した技量をもっていても個人の力量では解決できない。誰かの領域に属していない問題は多義的であり、当該事例の何が問題で何が解決であるかを一個人が決めることはできないからである。先ほどのおばあさんの事例であれば、近隣の人々が「いつも気にはなっていたんだけど」と話しはじめるような機会があり、そこで情報と意見の交換が行われ、このおばあさんの境遇に問題があるということが判明し、誰かが役所などに相談に行かないかぎり、公的な援助は受けられない。人々が話題にし、問題が特定され、支援の方法が決まらないかぎり、地域のボランティア等による手助けも受けられない。しかし、どうすれば互いにあまりよく知らない近隣住民同士が「いつも気にはなっていたんだけど」で始まる会話ができるようになるのだろうか。

　あまりよく知らない人同士のゆるいつながりの中での対話に問題解決のはじまりが託される領域は、高齢者問題だけではない。太陽光発電や風力発電等の新エネルギーの地域社会への導入や、裁判官と市民が話し合って判決を下す裁判員裁判の実施の中にも、同様な問題がある。本書で主に扱うのは、様々な属性と関心懸念の違う人々がゆるいつながりの中で問題解決を目指して行ういわば公共的な対話である。公共とは、「社会全体に関することであり、かつ社会全体が共有すべきこと」であるが、このような問題に関するコミュニケーションは自然には成立しない。社会全体が共有すべきであるということが、あなたとわたしが共有すべきことに「自然になる」ということはない。みんなの問題は、誰の問題でもなく、たとえ「みんなの問題」という意識があったとしても、問題を考えるときの前提が違って話がかみ合わないということは、日常よく経験する

ことであろう。公共的な問題の解決を目指した会話や対話が成立するためには、意識的なデザインが必要である。また、本書では公共的な問題ではないが、誰もが日常生活の中で陥りがちな困難であるハラスメント、ジレンマ、詐欺的な言語トラップからの脱却のデザインについても扱う。これらの問題もどんな社会でも起きる普遍的な問題でかつ、コミュニケーションの前提が一致しない問題だからである。

　本書は漠然とした、あるいは複雑に絡み合った、場合によっては顕在化しない問題を整理し、人々が問題の解決に向けて協働する（協力しあって働く）ことが可能になるコミュニケーションを、どのように設計したらよいのかについて考えるための本である。コミュニケーションについて扱うので、言語学ならびに応用言語学で積み重ねられた知見を理論的な土台としつつも、2000年代後半から2010年代前半の日本で話題になっている原子力発電や太陽光発電、裁判員制度の運用やハラスメント、ジレンマなどの問題のケース分析を通じて、どのように現代の問題をコミュニケーションデザインという観点から整理できるかについての考察を展開する。

∴ コミュニケーションデザインとは？

　第1章でふれるように、「コミュニケーションデザイン」という考え方自体が学際的であるのに加えて、本書ではそれを用いて個別の領域の問題解決を目指した取り組みを紹介するので参照する領域が多岐にわたる。本書では、問題解決に向けてコミュニケーションを設計することをコミュニケーションデザインと呼び、以下のように定義する。

コミュニケーションデザイン＝
問題の全体を人との相互行為によって管理可能なものにしていくこと。何のためにという「目的」を明確にし、誰にどうなってほしいのか、誰と一緒にどうなりたいのかの「計画」を立て、そのための方法を考えて「実践」し、結果を観察して「考察」する。目的が達成できていなければ計画あるいは実践に、目的が達成されていれば目的にフィードバックして、新たな課題を設定する。

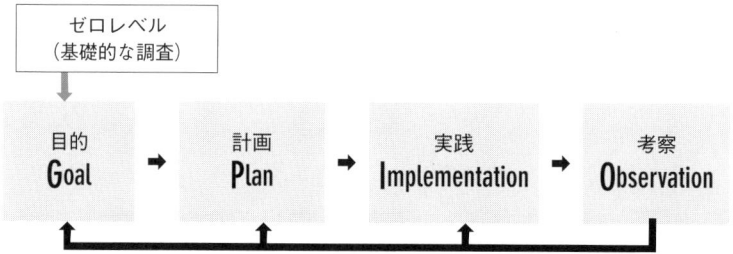

　この一連のプロセスで最も大切で、困難なことは目的の設定である。

　問題と対峙するとき、人は必ずなんらかの視点から問題を見る。本人の意識としては、視点を「選ぶ」というほどには意識的ではないことも多いが、いろいろな見方の中から一つを選択して問題を見ている。コミュニケーションデザインは、この選択をもっと意識的にし、かつ、ストローの穴のように小さいところから見るのではなく、問題の全体像を俯瞰するべく、デザインを行おうとする人が問題の中から課題を抽出し、課題の目的を設定する視点から、目的（Goal）－計画（Plan）－実践（Implementation）－考察（Observation）のサイクル（GPIOサイクル）を経て、相手との相互作用の中から新たな視点を獲得して、問題を管理可能なものにしていこうとする考え方である。

　このような考え方をもたない場合、紛糾している困難な問題はますます紛糾することになる。例をあげよう。

❖ 反対派がいる会議の傍聴のデザイン

　2012年1月に関西電力大飯原発のストレステスト[注2]の評価をめぐる専門家の意見交換会があった。2011年3月の福島第一原発の事故後に、原発再稼働の条件の一つとして突如浮上したストレステストの結果についての専門家の意見交換は、世間の注目を集める事柄であり、多くの傍聴人と報道関係者が詰めかける中での開催となった。主催者である経済産業省が設置したこの意見交換会の目的は二つあった。一つは国が評価を下すための専門家の意見の収集、もう一つは、原発再稼働のプロセスの一つである再稼働をめぐる議論の透明性を高めることである。

　この目的を達成するために計画を立てるとしたら、「立場の違う専門家が根拠を明示した一貫性のある意見を述べ、それについてかみ合った議論が展開しつつ、それが粛々と公開の場で行われること」を考えるであろう。しかし、この計画のもとに実際に行われた実践は、「専門家が落ち着いて意見交換ができるよう専門家と傍聴人席の部屋を分けて議論し、傍聴人は別室でモニターを見る」というものであった。これは、上記二つの目標を多くの傍聴人が詰めかける中で達成しようとした苦肉の策であったが、傍聴人は同席を求めて強く抗議した。その結果、意見交換会は3時間半空転し、再稼働に慎重な意見をもち、抗議に賛成する専門家2名が会を欠席した。

　この成り行きはその日の夕方のニュースとなり、原発行政の「混迷」、「迷走」というタイトルのもとに報じられ、翌朝の新聞にもこの騒ぎが取り上げられた[注3]。この成り行きから、当初の目的である「議論の透明性を高める」が達成されなかったのは、傍聴人が議論

注2　ストレステストとは、原子力発電所の施設に対し設計時の想定よりも強い負荷をかけ、それに耐えられるかを診断して安全性を総合的に判断するテストのこと

注3　「聴取会3時間半遅れ　反対派の傍聴人が抗議」日本経済新聞（2012年1月19日日刊）、「大飯原発の耐性『妥当』」朝日新聞（2012年1月19日日刊）

を見る状況にならなかったことから明らかであり、「専門家の意見の聴取」も専門家2名が会を欠席したことから達せられない結果となった。

　この事例で問題なのは、主催者が上記二つの目的と「傍聴人が詰めかけている」という現状をつなぐ「反対派がいる中での傍聴のデザイン」という実践のデザインをもっていなかった点である。もし、会の主催者にコミュニケーションデザインという考え方があれば、目的にあわせて、誰とどうなりたいかという計画を立てたであろう。そして、詰めかけた傍聴人の中に再稼働に対する反対派がいることを前提としつつ、この会の二つの目的を達成するために、「議論を傍聴人と共有したい」という計画を立て、専門家の意見交換を妨げず、かつ公開の意見交換会という実践に向けて傍聴人と参加のルールを協議し、そのルールにそった会議の進行という実践を行うことができただろう。たとえ、会議の進行が妨げられたとしても、主催者と傍聴人とのあいだで目的、計画、実践方法の何が食い違っているのかを知ることはできただろうし、ルールの設定で紛糾し、結果的に傍聴がかなわなかったとしても、議論の場をもとうとしたというプロセスは互いに評価できるものとなったであろう。こういう意見が違う人々と場を共有しようとする試行錯誤の積み重ねが信頼につながるのであって、騒動を受けての記者会見で「抗議に屈しない」などと大臣が言ってみても何も始まらない。適切なコミュニケーションデザインのスパイラルを登っていく力はこれからの政治家に不可欠な能力となるだろう。

　コミュニケーションは、難しい問題の解決のためだけに行うものではないし、難しい問題はコミュニケーションだけでは解決しない。上記の例においても、傍聴人の一部は、原発関連企業から研究費の補助を受けた専門家を意見交換の場から退席させるように求めていた。この要求は傍聴をさせてほしいという要求とは別の要求であり、傍聴人がするべき要求とは考えがたい。誰のするどんな要求につい

て誰が許可するのかという権力に関わる問題はコミュニケーションの問題ではない。しかし、コミュニケーションがなければ難しい問題は解決しないし、そのコミュニケーションが成り立つためには、コミュニケーションをデザインするという考え方が必要である。

公共的な問題とコミュニケーションデザイン

　本書で取り上げる問題の多くは公共的な問題である。その理由は二つある。一つは、公共的な問題は誰もが知っている問題だからである。領域横断的でかつ見方によっていろいろに見える問題は私たちの日常にもたくさんある。よく知っている、あるいは聞いたことがある問題を取り上げることでこうした問題を考えやすくしたい。もう一つは、公共的な問題をどのように考えたらいいのかについての概念（コンセプト）をもっていることは、これからの世界を生きる社会人にとって必須の教養だからである。これからの世界はますます人々のあいだのインフォーマルなつながりの中で動いていく。その中で社会が共有する問題の解決も求められていく。問題もつながりも常に動いている中で、「コミュニケーションをデザインする」というコンセプトは洞察を始めるときの端緒となるとともに、問題を共有するための方法ともなるであろう。読者の洞察を助けるために、各章にタスクと発展問題を設定した。ひとりで読む場合には自問自答し、クラスやグループで読む場合には複数で話し合いながらやってみてほしい。また、第1章、第2章、第3章、第5章、第7章には、その章で論じられていることについての「少し長めの注」のようなコラムを共同研究者の川本思心氏に書いていただいた。筆者とは見解が違うところもあり、興味深く読んでいただけると思う。

　本書で何をどのように論じていくのかについては次の見取り図を参照されたい。この図をガイドにコミュニケーションデザインについての探求の旅に出てみよう。

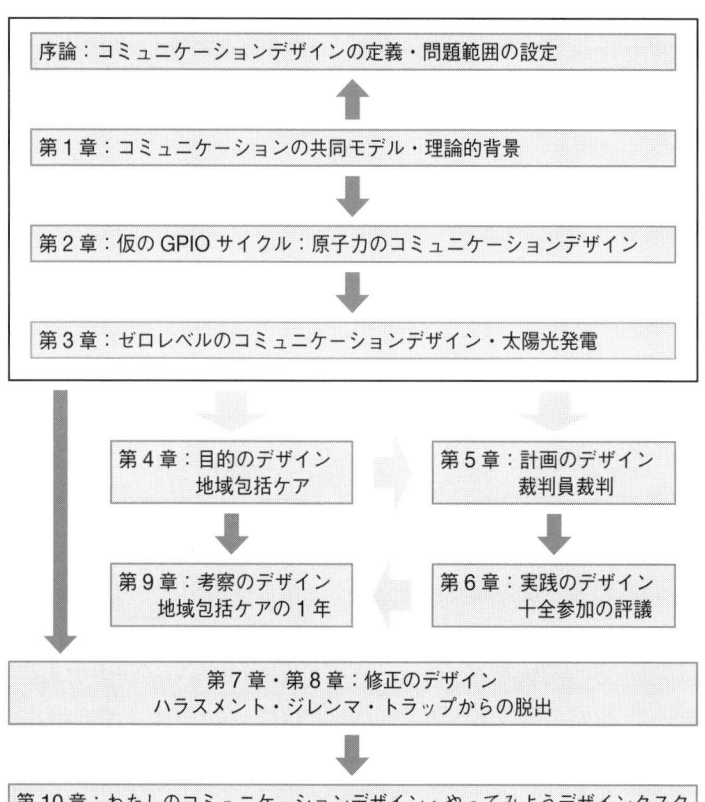

図1　本書の見取り図

　濃い色の矢印は、内容に直接的な関係のあることを示している。薄い色の矢印は、GPIOサイクルというコミュニケーションデザインの構造における要素のつながりを示している。

❖ 本書のガイダンス

　本書はなるべく最初から読んでいただきたいが、興味のある話題を扱う章から先に読んでも構わない。

　序章ではコミュニケーションデザインが扱う問題の射程を示し、第1章では、この概念の本書における理論的な位置づけを行う。第2章では、コミュニケーションデザインの基本構造であるGPIOサイクルの考え方と全体像を原子力のコミュニケーションを例に示す。第3章では、コミュニケーションデザインを公共的な問題に適用する際に考えておくべきことについて、太陽光発電の普及促進の問題を例に示す。第3章までがいわば理論編である。

　第4章から第9章までが、目的、計画、実践、考察のGPIOサイクルの各段階に焦点を当てたケーススタディの紹介である。第4章と第9章では、静岡県掛川市における地域包括ケアシステム構築に関わる多職種連携のコミュニケーションの問題を扱う。第4章での実践の効果を第9章で検討しているので、第9章が考察のデザインとなっている。第5章と第6章では裁判員制度の評議に関わるコミュニケーションの計画と実践のデザインを扱う。

　第7章と第8章も実践のデザインであるが、日常生活における困りごとの解決のデザインをケーススタディとして紹介する。これらの問題においては、当初の計画や、現在行っているコミュニケーションをどのように「修正」していくかが鍵となるので、「修正のデザイン」として図ではまとめた。

　第10章ではこれまで述べてきたことを踏まえて、読者が読者の問題を考えるときのガイドとなるようタスクを紹介する。タスクをすることによって新たな洞察を得ることもあるだろう。楽しみながら取り組んでほしい。

　なお、タスクに一義的な正解はない。他の人との解答の違いについて議論するのもいいだろう。章末の課題は各章で述べたことの延

長線上で考えられることについての発展的な課題である。自由に考えてみてほしい。

第1章

意味はともに作り出すもの
コミュニケーションの共同構築モデル

　小さいころから目が悪かった筆者は、中学生のとき、眼鏡を作った。視力をきっかり1.0に矯正するその器具を通じて見た世界はそれまでなじんでいたものとは違っていた。眼鏡店の窓越しにくっきりした輪郭の車列を眺めながら「私が見ていた世界は人が見ていた世界とは違う」という感慨にうたれた。そして長ずるにつれて、かなり多くの人が「自分と同じ世界を人も見ている」という考えで人生を生きていることを知った。

　世の中の人の大半が筆者と同じような視力矯正の前後での世界の見え方の劇的な変化を経験したことがないにしても、「世界は見方によってかなり違う相貌を呈する」ということは、外国を旅行したり、自分と違う考えの人とじっくり話したりした経験がある人には、違和感のない考えなのではないだろうか。しかし、「世界は見方によってかなり違う相貌を呈する」と思う人と思わない人とでは、いわば世界観が違うように思う。しかし、何が違うのだろうか。何かが違うとしたら、その差が埋まることはあるのだろうか。そして、なんらかのコミュニケーションによってこの差を埋める必要はあるのだろうか。これらの疑問を「一つのものを違う目で見るところから生じる問題とコミュニケーションはどのように関わっているのだろうか」と言い換えてこの章で考えてみる。

　本章では、まず意味の共同構築という概念についてコミュニケーションモデルの紹介もしつつ説明する。そして本章の考えるコミュ

ニケーションデザインがこの意味の共同構築モデルに基づいていることについて述べる。

∵ 記号・対象・意味

　私たちは一つの地球で一つの時間軸の中でそれぞれが違う日常を生きている。同じ電車の同じ車両に乗り合わせて向かい合わせに座るおじさんとおばさんの今日一日を記録したとしたら、かなり違った読み物になるだろう。にもかかわらず、もし、二人が今日一日の出来事を報告しあったら会話は成立するだろうし、かなりわかりあった気にもなり、共感さえ生まれるかもしれない。しかし、おばさんの話を聞きながらおじさんがイメージするおばさんの今日一日は、客観的な事実としての出来事の連鎖とも、おばさんの報告とも違うだろう。それはなぜなのか。そしてかなり理解が違うにもかかわらず、互いにわかったような気になるのはなぜなのか。

　言語学には、記号と対象と意味を分ける考え方がある。記号とは意味を人に伝える「媒介」である。「眼鏡【めがね】」という文字列が記号であり、実際に誰かの鼻の上にのっている二つのレンズとつるからなる人工物が、記号が参照する対象である。そして、「意味」とは、「眼鏡【めがね】」という記号を見聞きした人が頭の中に浮かべる表象（イメージ）である。つまり、記号「眼鏡【めがね】」の対象も意味も一つではない。世の中には、いろいろな色と形の眼鏡があり、人が思い浮かべるイメージもいろいろである。記号は特定の物と対応関係があるわけではない。だから、私たちは様々なバリエーションがあっても、二つのレンズとつるからなる人工物を眼鏡と認識できる。

　逆にいえば、私たちは完全に同じ「意味」を分かちあうことはできない。記号を媒介として意味を通じ合わせる道を選んで文明を築いてきた私たちは、何かについて直示的に、そのものの意味につい

て同じ理解に達することはない。もちろん、眼前にある物であれば、「その眼鏡」のように眼前にある対象と記号を話し手と聞き手のあいだで共有することはできる。しかし、初対面の人の見たこともない「今日一日の話」のような場合は、眼前に、記号が参照する「その」と名指す対象物がない。話し手にしても、自分の頭の中のイメージで話しているので、それが客観的な事実とそっくり同じことはない。聞き手は聞き手で、聞いた話から自分のイメージを作る。したがって、先ほどのおじさんとおばさんは「今日一日の話」の意味を共有していたのではないだろう。そうだとすれば、何を分かち合っていたのだろうか。たぶんそれは、二人が会話することによって共同構築した、オリジナルの「今日一日の話」と似ているが同じではない「今日一日の話」である。この意味の共同構築が相互作用の結果としてできれば、二人のイメージは違っていても「わかりあったような気持ち」にはなることができる。

コミュニケーションモデル①　導管メタファー

このように考えてみると、コミュニケーションとはなんだろうか。「情報が発信者（話し手）から受信者（聞き手）のもとに届き、受信者はそれを発信者の意図したとおりに解釈し、意味を通じ合わせること」と一般には考えがちである。このようなコミュニケーション観は、栄養を運ぶ植物の導管のような管の中を情報が発信者から受信者のもとへ運ばれていき、受信者は小包を開けるようにしてその情報を取り出して、頭の中にしまいこむようなイメージである。これは、コミュニケーションの導管メタファー[1]とか、通信モデルとかいわれている考え方である。図1にこのモデルの図を示す。

---

[1]　導管モデルの初出は Reddy, M.J.　1979　The Conduit Metaphor-A Case of Frame Conflict in Our Language about Language. In A. Ortony (Ed.), *Metaphor and Thought*. pp. 284-324. Cambridge, England: Cambridge University Press.

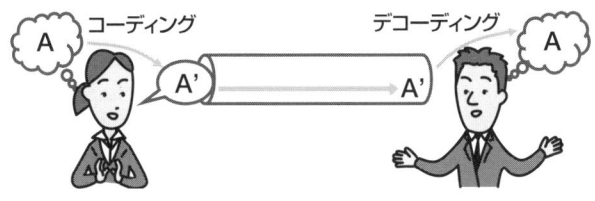

図1　コミュニケーションの導管メタファー

　この導管メタファーの図を先ほどの例で解説すると以下のようになる。

　おばさんは、自分の今日一日を思い浮かべ、彼女がもっているコーディング（対応規則）に従って、イメージ（A）を言葉にして（A'）おじさんに伝える。おじさんは、その話（A'）をおばさんと同じ対応規則で言葉をイメージにデコーディング（復元）して、おばさんと同じイメージ（A）の「今日一日の話」を頭の中にしまいこむ。導管メタファーによれば、このように話し手と聞き手はコミュニケーションをしていることになる。このように説明すると、導管メタファーがかなり、私たちの日常生活におけるコミュニケーションの実感と違うことがわかるだろう。今日では、会話の録音・録画技術の普及と人の内観（考えていること）を把握するインタビュー技術の進歩のおかげで、人々がいかに情報を発信者の意図したとおりには受け取らないかがデータから明らかになってきた。航空機事故におけるフライトレコーダーの解析や、病院等における事故が起こる寸前の事例、いわゆる「ヒヤリハット」事例分析等のヒューマ

ンエラーの研究をあげるまでもなく、日常的に生じる誤解や言外の意味などを考えてみればこのことは明らかである。しかし、このように話し手と聞き手の意図や意味が互いに違うのであれば、何によって私たちは会話をしているのであろうか。

会話の協調の原理

グライス（Grice, H. P.）が1975年に発表した研究[注2]では、会話はCP（Cooperative Principle：協調の原理）、つまり、「会話の目的、あるいはある一定の方向に向かってトークの交換をするという原則」に基づいて行われ、かつ会話には含意があるので、次に示すような公準を守ると協調の原理にかなった会話になると述べられている。

<u>会話の公準</u>
1. 量の公準
   ・求められる程度の情報を与えよ
   ・求められる以上の情報は与えるな
2. 質の公準
   ・偽りと思うことは言うな
   ・適切な証拠のないことは言うな
3. 関係性の公準
   ・関係のあることを言え
4. 様態の公準
   ・はっきりしない表現は使うな
   ・どっちにも取れることは言うな
   ・簡潔に言え
   ・順序よく言え

[注] 2 Grice, H.P. 1975 Logic and Conversation. In J. P. Kimball, et al. (Eds.), *Syntax and Semantics. Volume 3 speech Acts*. pp. 41-58. New York: Academic Press.

グライスの「会話の公準」として有名なこの四つの公準は「わかりやすい話し方」のルールのようにして引用されることが多いが、グライスが力点を置いたのは、「会話の協調の原理」である。グライスの論文の本来の意図と離れて、この公準が話し方のルールのような使われ方をするということは、世間一般には、コミュニケーションの導管メタファーを支持する人が多いことを示している。記者が自分の言ったとおりに説明を引用しないのは、記者に理解力がないからだと考える科学者、教師の講義が会話の公準を満たしていないとして非難する学生、会話の公準を守って話をすれば相手に自分の意図が伝わるはずだと考えるビジネスマン、子どもに長い説教をする親などはこのメタファーの支持者であろう。しかし、先ほども述べたように、コミュニケーション研究においてはこの導管メタファーは否定されている。「記号と対象と意味は一体ではない」とすれば、情報は当然、受信者による変容を受ける。発信者が意図したとおりには相手に伝わらないし、発信者が意図しないことも相手に伝わる。それでも会話ができるのは、協調の原理が働くからであるが、協調の原理から逸脱すると、ディスコミュニケーションと呼ばれる状態になりやすい。例をあげて考えよう。

　なお、今後本書で会話例をあげるときには以下のように記述する。

① 　冒頭に発話順番（ターン）[注3]の番号を示し、その右に話者を示す
② 　話者を職業を表す略号で示す場合はその説明を本文に示す
③ 　例が引用である場合は出典を本文に、書誌情報があれば注に記す
④ 　出典の記載がない会話例は作例である

[注3] 発話とはひとりの人が話し始めて次の息継ぎまでの一つながりを言う。発話順番とは、ひとりの人が話し始めてから、次の話し手に交替するまでの順番を言う。したがって、一つの発話順番の中に複数の発話があることもある。

あるディスコミュニケーション

▼会話例[4]1：会社の廊下で
01 A「すみません。会議室1の鍵持ってませんか。いつもの所になくて」
02 B「あ。持ってます。でも、持ってますけど、持ってないんです」

　一見して違和感を覚えるこの会話では何が起こったのだろうか。
　ディスコミュニケーションは、「コミュニケーションの途絶」とか断絶と訳される言葉である。不全感がある状態でコミュニケーションが途絶えてしまうことをいう。この会話例ではAに不全感が残ったままコミュニケーションが終わってしまったディスコミュニケーション状態であることは、私たちがこの会話例を見て違和感を覚えることからも明らかであろう。しかし、何がディスコミュニケーションをもたらしたのだろうか。
　いままで述べたことを踏まえていえば、それはAとBが「意味の共同構築に失敗」したことからきている。そしてその失敗は、Bがグライスのいう「協調の原理」に反した言語行動をしたことに起因する。「鍵を持っているか」という問いは、社会生活を営む人々のあいだでは、「持っていたら貸してほしい」という依頼として機能する。したがって、この会話例での意味の共同構築は以下の作業を行うことであると考えられる。

① 　会話が依頼であることを互いが認識していることを示す
② 　依頼－応諾あるいは拒否という連鎖を成立させる
③ 　依頼に応じないのであれば理由を述べて関係性を維持する

---
[4]　この会話例のバリエーションともいえるタスクが以下の文献に掲載されている。あわせて考えてみよう。
　野原佳代子　2009　「科学技術系の仕事をめぐる個人と社会のコミュニケーション」『科学技術コミュニケーション入門』培風館　pp. 15-26.

これらの作業の全うに向けて協力する発話を互いにするのが協調の原理にかなう行動である。Bは②以降に反している。Aの「鍵持ってませんか」に依頼の意味があることはBも認識し、それを表明している。それはBの「持ってます。でも」という発話部分に表れていると考えられる。しかし、その後に続く会話は、依頼に対する応否とその理由を述べるのではなく、「持っているが持っていない」という矛盾した事実の陳述になっている。Bが協調の原理に従って意味を共同構築するのであれば、「あ。持っています。でも今手元にはないです」や、「あ。持ってますけど、机の中ですよ」のような発話で依頼を受けられないことを示し、かつその理由を述べるだろう。それでは、会話例におけるBの論理的に矛盾した返答はどこから来たのだろうか。
　一つの答えは、以下のようなものである。

▼省略部分の復元
　「(合鍵は)　持ってますけど、(共用の鍵は)　持ってないんです。(共用の鍵でないので貸しません)」

▼Bの意図の再構成
　Bは皆に内緒で会議室の合鍵を作ったが、それを知られたくない。しかし、鍵を持っているかという問いに対して嘘もつきたくない。Aの発話が依頼であることは承知しているが、合鍵を貸すと合鍵であることがわかってしまうのでAに貸さないということを伝えたい。だから、依頼に対する返答としてではなく、あえて持っているかどうかという事実を尋ねる質問への答えとして、「持っているが、持っていない」という返事をした。

　Bの意図を再構成するとこのようになるが、ここで示したような話者の隠れた意図による協調の原理の逸脱は、私たちの日常によく起こることである。

コミュニケーションモデル②　共同構築モデル

　コミュニケーションとは、意味を互いに共同構築しあうことであるとする考え方をコミュニケーションの共同構築モデルという。現在では、研究者のあいだではこの考え方が主流である。図2にこのモデルの図を示す。

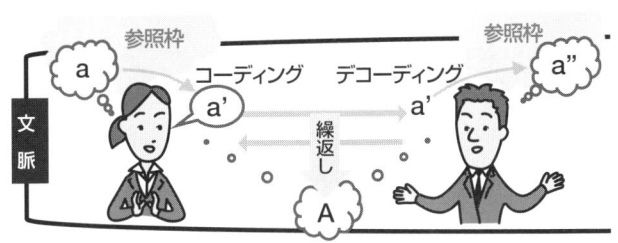

図2　意味の共同構築モデル

　コミュニケーションが話し手と聞き手、あるいは書き手と読み手のあいだの共同作業的なプロセスであるとして、どのようにその作業を行っているのだろうか。ロスト（M. Rost）は以下のように書いている。
　「コミュニケーションは基本的に共同作業的なプロセスである。話し手によって発せられるシグナルの産出と聞き手によるシグナルの文脈化によって構成されるもの」[注5] である。

[注5] Rost, M.　1990　*Listening in Language Learning*. London and New York: Longman.

「シグナルの文脈化」とはどういうことなのだろうか。シグナルとは信号であり、記号の一つである。典型的には、言葉がそれに該当するが、身振りや笑い、沈黙などの非言語的な記号も含まれる。シグナルの産出とは、言葉や身振りや笑いなどを話し手が発することと考えられる。文脈は、相互行為としてのコミュニケーションが行われる背景と状況を指す。したがって「シグナルの文脈化」とは、話し手の言葉や身振りや笑いなどをその場の状況とその場の相互行為に適合するように解釈すること、より正確には、その場に適合する意味をシグナルから再構成することであると考えられる。ロストは話し手と聞き手の役割を分けて記述しているが、話し手と聞き手の役割は発話順番の移動の中で交替していくものである。

　これらのことを図2でいえば、話し手がaということを言おうと意図したとして、それを言葉という記号に媒介させて発しようとしたときに参照するのが話し手の頭の中にある知識とイメージ、さらに、そのコミュニケーションが行われる文脈である。その参照を経てa'という発話をする。そして聞き手はa'を聞いて、同じように頭の中の参照枠と文脈を参照してa'についてa"という理解をする。そして、コミュニケーションが行われる中で何度かこのプロセスが話し手と聞き手のあいだで行われて二人で共同構築するのがAという内容である。Aはaともa'ともa"とも違っている。Aは冒頭の電車の中で知り合った男女が共同構築する「おばさんの今日一日の話」に相当する。

　ここまで述べたことをまとめると、コミュニケーションの基本構造は以下のように規定できる。

▼コミュニケーションの基本構造
　・コミュニケーションの意味は話し手と聞き手で共同構築する
　・意味の共同構築はシグナルの文脈化によって行われる
　・文脈のないところに意味は発生しない

❖「コミュニケーションデザインを行う」とは

　コミュニケーションデザインとは、序論で定義したように「何のために誰にどうなってほしいのか、誰と一緒にどうなりたいのかを明確にし、そのための方法を考案して実践し、結果について考察して目的が達成できなければ計画に、目的が達成されていれば目的にフィードバックして新たな計画あるいは実践を設定し、問題の全体を人との相互作用によって管理可能なものにすること」である。この定義は、図3のようなGPIOサイクルとして整理できる。

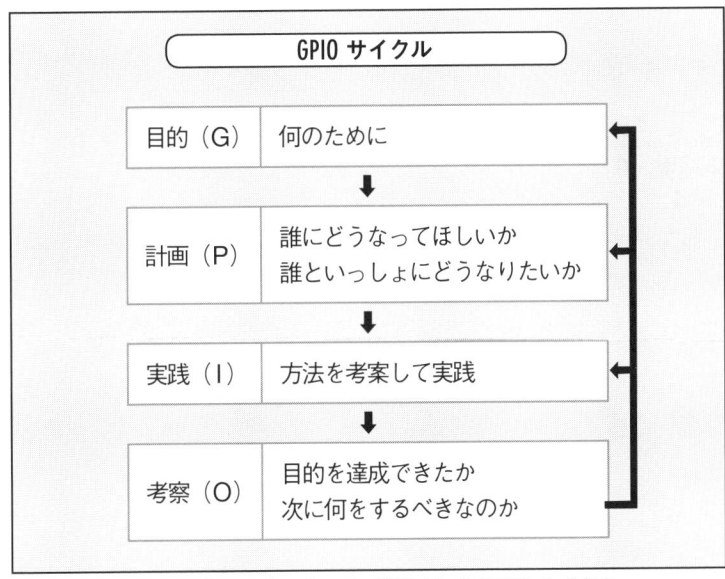

図3　コミュニケーションデザインのGPIOサイクル

　社会の問題というものは、様々な要因で構成された複合的なものであり、単一の課題の解決をもって問題が解決することはめったにない。したがってその問題の中から単一の課題を切り出して、目的（Goal）－計画（Plan）－実践（Implement）－考察（Observation）のサ

イクル（GPIOサイクル）を回し、目的を再設定しながら循環を繰り返すことで、問題の全体像を発見し、問題の全体を解決に導く、そのためのツールとしてこのサイクルを位置づけている。そしてこのサイクルを回すことがコミュニケーションデザインを行うことであると本書では考える。

　しかし、ここで難しいのは、このサイクルのすべてにおいてコミュニケーションの参加者に意味の共同構築が必要とされる点である。特に目的の設定をどのレベルで行うかという問題ですれ違うとサイクル自体も成り立たないし、協調の原理も働かない。しかし、逆に意味の共同構築に部分的に失敗したとしても、目的設定がうまくいけば、ディスコミュニケーションに陥らないこともある。例をあげて見てみよう。

❖ 問診のコミュニケーション：部分的な失敗を超えて

▼会話例２：診療室で[6]
　　　　Tはセラピスト、Pは患者を表す

01 T: 変わったことがありますか
02 P: シンデンズにあっています
03 T: え？
04 P: 今インターホンが鳴りました
05 T: それがシンデンズですか
06 P: テレビのドラマが始まるのもあっています。クラクションが鳴りました。
07 T: シンデンズというのは心臓をしらべる「シンデンズ」ですか
08 P: 心に通じてくるシンデンズです

---

[6] 木戸幸聖　1979　「精神障害と言語行動」南不二男（編）『言語と行動（講座言語第３巻）』大修館書店　より

09 T: どう書くんですか
10 P: 心電図（と書く）、心電図を取るといいますね
11 T: ええ
12 P: 心に通じてくるんです

　この会話例を見てすぐわかることは、セラピストと患者のあいだで「シンデンズ」の意味が共有されていないことである。だから、会話例2もコミュニケーションの当事者のあいだで意味の共同構築に失敗しているといえる。しかし全体的に会話例1で見たような不全感はあまり感じられず、ディスコミュニケーションな状態であるようには見えないのではないだろうか。それはなぜなのか。

　一つには、読者が会話例2を「診療室で」というト書きにあわせて「シンデンズにあっています」というような日常生活の言葉の使い方から逸脱した発話をセラピストと患者の会話として文脈化（言葉をその場にふさわしい意味として解釈する）したからであろう。しかし、それだけではないだろう。会話例1と同じように意味の共同構築と協調の原理の観点からこの会話例を分析してみよう。

　会話例2は日常会話ではなく、制度的な会話である。制度的な会話とは、医者と患者、教師と生徒、裁判官と被告人のように、社会的な制度の中でその役割が決まっている間柄でその関係性の中で行われる会話のことである。役割が決まっているので、コミュニケーションの目的もその役割分担にそったものが設定される。

　会話例2の目的は01のセラピストの発話にあるように、患者のいまの病状を把握することである。したがって両者の意味の共同構築の作業は以下のように記述できる。

① 　セラピストと患者の会話という枠組みをつくる
② 　セラピストの質問－患者の応答という連鎖をつくる
③ 　それぞれの連鎖全体を通して患者のいまの病状について把握する

セラピストと患者はこの三つのすべての段階において協調の原理に基づいて目的に向かっている。「シンデンズ」という単語の意味の共同構築に失敗しても、「シンデンズにあっているという患者の状態」についてセラピストは病状を把握しえたであろう。そうだとすると、両者の意味の共同構築の作業は全般的には成功している。そして、それを可能にしたのは、以下にあげるような「シンデンズ」に明確に言及してその内容を明らかにしようとするセラピストの質問である。

05 T: それがシンデンズですか
07 T: シンデンズというのは心臓をしらべる「シンデンズ」ですか
09 T: どう書くんですか

ここまで述べてきたことから、セラピストのこの会話におけるGPIOサイクルを示すと以下のようになる。

目的 (G)	患者の病気の状態を把握する
計画 (P)	患者に病気の状態を話してもらう
実践 (I)	気になる言葉について質問する
考察 (O)	意味のすれ違いをこえて患者の状態を把握できたか

しかし、問題はこの後である。セラピストが把握した患者の病気の状態を当の患者と共有し、どのような解決を目指すかについて患者と合意することがこの後に来る問題である。状態の把握という目的は、この大きな目的の一部に過ぎない。このセラピストは単語の意味のすれ違いという失敗を超えて、病気の状態の把握という目的

を見失わず、臨床場面の意味の共同構築に成功した。しかし、この目的が達成されれば、GPIOサイクルの初めに戻って、次の目的を患者とともに設定していかなければならない。そしてその設定は常に患者との相互作用の中で行われることになるだろう。

　人との相互作用の中で行うタスク（仕事）は常に自分の当初の意図とは違う方向にずれてくる。しかし、どのように意図とずれていくかは、あらかじめ予想できない。サイクルでいえば実践までを行ってから相手の反応を見て、何を修正したらいいのか、実践を変えるだけでいいのか、計画を見直すのか、あるいは目的から再設定するのか考えなければならない。修正のサイクルは、タスクが明確で単純であるほど、実感しやすい。以下にあげる自己紹介のタスクで実感してみよう。

> **タスク1**
> 新しい職場や新学期のクラスでの自己紹介について、GPIOサイクルを作り、そのとおりにやってみよう。各段階で考えるべきことを以下に示すので、これらを踏まえて自分のデザインを作ろう。実践が終わったら、自己紹介した相手とデザインを見せ合いながら目的と計画が相手に伝わったか確認しよう。
>
> 目的（G）：何のために
> 計画（P）：隣の人にどうなってもらいたいか
> 実践（I）：何を言うか・どんなふうに言うか
> 考察（O）：相手のどんな反応で「できた」とするのか

広告のコミュニケーションデザイン

　コミュニケーションデザインは、もともと広告業界において、広告と商品やブランドと市場を結びつけるためのデザインとして考え

られた概念である。佐藤可士和は「ブラントや商品と世の中を結びつけること」がコミュニケーションデザインであると述べ、その中心的な作業としてクライアントの要望を整理することをあげている[7]。岸勇希は自身が関わった広告のコミュニケーションデザインの実例を示し、クライアントの要望を具体的な目的設定と計画・実践に落とし込むための方法とプロセスを詳細に語っている[8]。広告のコミュニケーションデザインの特徴は、コミュニケーションの動機をクライアントが一方的にもっているという点にある。この特徴は強みにもなれば弱みにもなる。

　弱みになるのは言うまでもなく、「誰にも望まれない」という広告の宿命的な弱さである。テレビドラマを録画してCMを飛ばして見る視聴者の行動はこのことを如実に示している。広告は相互作用が成立しないという前提から始めるコミュニケーションである。多くのコミュニケーションが主観的には相手が自分の話を聞いてくれるという前提から始まるのと対照的である。

　強みはコミュニケーションの動機⇨目的⇨計画⇨実践⇨効果という流れを直線的に「クライアントにとって」という軸で考えることができることである。それぞれのプロセスに「行きつ戻りつ」はあるので直線的ではあっても一方向ではないし、クライアントのことだけ考えていればデザインが成立するということでももちろんない。広告のターゲットに対して訴求力をもつデザインをするためには、情報の発信者と受信者のあいだで意味の共同構築が行われるような相互作用を促すしかけが必要である。さらに、クライアントの要望を整理してあるべき機能を抽出してその実現形を考えるという工学的なデザインと同じようなプロセスをコミュニケーションにおいて想定できるということは、デザインの実践の効果をクライアントの要望に照らして評価し、その効果にみあった対価を要求できる

[7]　佐藤可士和　2007　『佐藤可士和の超整理術』日本経済新聞出版社
[8]　岸勇希　2008　『コミュニケーションをデザインするための本』電通選書　電通

ということである。だからこそ広告は多くの人が従事する産業として成り立っている。

しかし、多くのコミュニケーションは単一の視点では評価できない。コミュニケーションの当事者の誰がどんな動機をもっているかわからないし、動機は当事者にとっても未整理で不明確なことも多い。そしてなにより非効率的なのは、誰の動機に基づいてどんな目的を設定するのかを相互作用によってしか決められないことである。

世界観の違いを架橋するコミュニケーションデザイン

近年、コミュニケーションデザインは、広告の世界を超えて、様々な広がりを見せている。大阪大学コミュニケーションデザインセンター[注9]では、コミュニケーションデザインを「専門的知識をもつ者ともたない者の間、利害や立場の異なる人々の間をつなぐコミュニケーション回路を構想・設計・実践すること」と定義している。広告と大阪大学の「コミュニケーションデザイン」の共通点は、そのままでは結びつかないものを結びつけるという思想にある。ブランドと世の中も、利害や立場の違う人々も、科学者と一般の人も自然には結びつかない。お互いに異質な者同士は世界観が違う。異なる価値観、異なる興味関心、異なる意見をもっている。そして、先に見たように、人は記号を文脈化せずに理解することはできない。日常生活をふつうに営む場面においては、さしたる工夫をしなくても世界観の違う人々がともに生きていくことはできるだろう。「今日一日の話」のように、お互いにわかったような気になるだけで事足りる事象はたくさんある。

しかし、社会的な問題解決をはかる場面においては話し合いが不

[注9] 大阪大学コミュニケーションデザインセンター HP http://www.cscd.osaka-u.ac.jp/

可欠であるが、世界観が似ている人々の話し合いにはえてして発見がなく、世界観の違う人々の話し合いは決裂しがちである。そして社会の問題、とりわけ公共的な問題の解決を目指す話し合いにおいては、広告のコミュニケーションデザインのように「クライアントにとって」という視点は取りえない。もし、その視点があるとすれば、それはコミュニケーションデザインではなく、プロパガンダ（政治的意図をもつ宣伝）である。このことはよく考えられなければならないが、目的の設定なしにデザインは成立しないし、誰かの立場に立たなければ目的は設定できない。そして、立場と背景の違う人々の話し合いはデザインなしには成立しない。さらに悪いことに、社会的関心の高いことについて意味のある話し合いが行われなければ、話し合いの結果を偽装して世論を誘導するような事件も起こる。このことについては次章で扱う。大切なのは、会話例2の問診のコミュニケーションで見たように部分的な失敗はありつつも、相互作用の中でコミュニケーションの目的を設定し、修正し、当事者の協調の原理を引き出すことである。

　分裂病患者（今の用語では統合失調症の患者）と「われわれ」との差異について相互作用の観点から考察を重ねた精神医学者のレイン（R. D. Rain）は「同じものを違う目で見ることから生じる問題を真剣に考察すること自体がこの世の不安、苦痛、狂気、愚考のいくらかを少なくすることに役立つのだと私は信じている」と述べている[10]。世の中は不安と狂気と愚考に満ちている。これらの社会的な不幸のいくぶんかは、「自分と同じ世界を人も見ている」という思いこみから、人が異なる世界観をもって生きていることを忘れ、実際にある世界観の違いを乗り越えることができないことから生じている。本書で論じるコミュニケーションデザインはこの異なる世界

---

[10] Laing, R. D. 1985 *Wisdom, Madness, and Folly: The Making of a Psychiatrist.* London: Macmillan.［中村保男（訳）2002 『レインわが半生　精神医学への道』岩波現代文庫　岩波書店］

観を架橋する試みである。

　一方的なプロパガンダではない、共同構築モデルに基づいたコミュニケーションデザインという問題解決の道はかなりの隘路である。問題によって相互作用の方法もデザインも違うので道も分かれている。通る人はあまりいないかもしれないが、通る人が多くなれば道も広がる。本書では次章以降で、本章で展開した意味の共同構築モデルに依拠して、個別の社会問題のコミュニケーションの何が問題であり、どのようなデザインが考えられるのかについて論じていく。問題により、また私たちのこれまでの研究の積み重ねの程度によってデザインのアイデアの段階のもの、GPIOサイクルの全体のデザインがあるもの、実践報告ができるものなどのバリエーションがある。アイデア段階のものから、実践段階のものへと論を運んでいくが、必要に応じてその都度、当該コミュニケーション問題の把握に必要な言語学的な理論を紹介していく。

> **課題1**　「自分と違う世界を人は見ている」と感じた経験について思い出し、話し合ってみよう。本書で紹介したような直観的なひらめきでも構わないし、人との相互作用の結果でも構わない。何があって、そのときどんなふうに感じ、それはなぜだったのか。人に伝わるように整理して、それに基づく話し合いをしてみよう。

column

コミュニケーション「デザイン」再考
―意味の共同構築と生物進化の相似性から

　デザインという言葉からは、ファッション、建築、書籍、広告などの言葉が連想される。これらの「デザインされたもの」は、そうでないものと比較して、デザイナーによって作られた、洗練された優れたものという共通認識があることについては概ね同意してもらえるだろう。とすると「コミュニケーションデザイン」に対しても、やはりデザイナーによる最適解を目指す作りこみ、というイメージを持つかもしれない。この問題について、ここでは生物とデザインの関係から考えてみようと思う。

　生物はその多様性と機能性から、素晴らしく「デザイン」された存在のように思える。しかし、進化学の分野においてデザインという言葉は慎重に避けられている場合が多い。「デザイン」という言葉には、ある主体の意図によってその目的に合致するように適切に作りあげられたもの、という含意があるからだ。現在の進化論では、進化は突然変異が自然選択とランダムな遺伝的浮動を通して世代を経て増減することでおこる現象とされており、そこに意図はない。一方、進化論の立場に立たず、なんらかの知性あるものが生物を創造したと考える人々は、その考えをインテリジェント・デザインと呼んでいる。

　コミュニケーションデザインとの相似性が見出されるのは、インテリジェント・デザインにおける「デザイン」ではなく、進化のメカニズムにおいてである。これについて、「意味の共同構築」と擬態の進化を例にあげよう。

　ハチそっくりのガがいる。このハチに擬態したガは鳥に食べられにくいが、このガ自身が、モデルであるハチそっくりに変異しただけで擬態が成立するわけではない。鳥がハチの縞々の特徴と刺されることを知っており、なおかつ鳥がハチそっくりのガの模様を見たときにハチを想起することが必要だ。

そして鳥がそのガを食べず、その結果ガの子孫が増えていくことで擬態が完成していく。つまりモデルであるハチ、擬態者であるガ、そして捕食者である鳥の三者の世代をまたいだ「共同」によって初めてその縞々の形態の意味が構築され、擬態が成立するのだ。

しかしこの「デザイン」は完璧なものではない。例えば仮に、別の地域に針がなくておいしいハチがいたとする。そしてその地域にすみ、そのハチをいつも食べていた鳥が、擬態が成立する地域に迷い込んだとする。するとハチそっくりのガの持つ特徴の意味は全く異なってくる。哀れ、そのガはその迷い鳥に食べ尽くされてしまうだろう。

コミュニケーションが一個人の介入によって操作されるほど単純ではないこと、最適なコミュニケーションはないことは、上記のアナロジーから容易に理解できるだろう。コミュニケーションデザインが目指すのはコミュニケーションのプロセスに他者が参加可能なフォーマットを提示する点、それによってGPIOサイクルを回し続ける点にある。こう考えると「コミュニケーションデザイン」という言葉に対して抱くかもしれない「最適なコミュニケーション」「一方的な操作」というイメージから自由になれるのではないだろうか。

第 2 章

神話から対話へ
原子力のコミュニケーションデザイン

　日本は地震国である。気象庁の発表（2012 年 1 月 5 日）によれば、2011 年に発生した震度 1 以上の地震の回数は 9,723 回で、前年比 7.4 倍であり、震度 5 弱以上の地震は 68 回あった。東日本大地震の余震域を中心に地震の回数は今後さらに増える傾向にあるという。
　この地震多発地帯である日本に 2012 年 5 月現在 54 基の原子炉がある。福島第一原子力発電所の事故が発生する前までは、日本国民の多くはそれを危険なこととは思っていなかったのではないか。日本で過酷事故が起こる可能性など考えてみたこともなく、放射性廃棄物の最終処分について懸念はもちつつも、当時の政権の二酸化炭素大幅削減の方針にそうエネルギーとして、原子力発電には「二酸化炭素排出量の小さい安全なエネルギー」というイメージがあったように思う。しかし、事故の後でそれは「原子力の安全神話」と呼ばれる根拠のない考えとされた。そして原子力の専門家の中には、世の中は原子力の安全神話の時代から「危険神話」の時代に移ったという人もいる。こころみに google で「原子力発電　神話」とキーワードを入れて検索すると 56 万件のサイトがあがる（2013 年 10 月 10 日）。「神話」には様々な定義があるが、その一つが、「人々の思惟や行動を非合理に拘束し、左右する理念や固定観念」（『大辞林』三省堂）である。原子力と人々の考えや行動を非合理に拘束する固定概念とは、どこでどうつながるのだろうか。
　原子力発電は巨大技術であり、そのメカニズムの詳細は専門家で

ない人々の理解を超える。しかし、この技術は、電力という形で私たちの生活と密着している。この関係は古代人における気象と農作業のように、わからないものに生活を拘束されているという感覚とつながるのかもしれない。そして、過酷事故が日本で実際に起こることによって、その巨大技術が、私たちの足元を揺るがす危機的な状況の上にあるということが人々の意識の上にのぼったというのが、原子力発電と神話という言葉の共起関係の背景にあるように思う。

原子力のディスコミュニケーション

インターネットで原子力と神話という二つの言葉が共起するサイトが多いということは「原子力の〇〇神話」という言葉が社会に浸透していることを示している。これは、原子力発電が関わる問題について私たちが自分たちの考えを根拠に基づいて形成し、それを交換し、冷静に意思決定していないということも示している。この原因は様々に考えられる。

感情的な問題としては、日本が原子爆弾の被爆国であり、被害のイメージが鮮明であること、過酷事故を起こした電力会社と国に対して不信感があること、再生可能エネルギーに過大な期待があることなどがあげられる。

知識の問題としては、エネルギー需給見通しにおける原子力発電の依存度が専門家のあいだでも見解が分かれていること、事故後、飛散した放射性物質による低線量被曝の人体への影響について明確なことがわからないこと、原子力発電という巨大技術を行政が把握しきれないことなどがあげられるだろう。

意思決定の問題としては、エネルギー政策の決定・運用と原子力発電の運用・規制に関する合意形成の範囲と過程が不明瞭なこと、そこからの当然の帰結として、誰が何に責任と権限をもって意思決定できるのかがわかりにくいことなどがあげられる。

これら感情、知識、意思決定に関わることすべてが現在の日本で起こっている原子力をめぐるすべてのコミュニケーションに影響を与えている。しかし、このように広範囲にわたる問題について論考を重ねても、ではどうしたらいいのかという立論には結びつきにくい。

　本章では「神話」の浸食を許した原因を掘り下げるのではなく、規制当局を含めた原子力発電所と国民はディスコミュニケーション状態にあると考え、その原因を意味の共同構築の失敗という観点から論じていき、その意味の共同構築を成立させるためにはなにが必要かということを論じていきたい。第 1 章で私たちは言葉を文脈の中に置かないと意味を通じ合わせることはできないが、人はそれぞれ違う日常を生きているので言葉を解釈する文脈もそれぞれであると述べた。言葉を使うことで同じ意味を共有するのではなく、情報の発信者と受信者が協調の原理に則ってコミュニケーションの目的に向かうことによって、人々は意味を再構築しているのであると述べた。

　原子力発電をめぐるコミュニケーションにおいて根拠ある考えを私たちがもち、意見を交わし、なんらかの合意を形成して、物事を決定するためには、まずはこの意味の共同構築に成功しなければならない。第 1 章では、相互作用としての意味の共同構築の作業について述べたが、本章では、まず、意味の構築のために一人ずつの頭の中で行われている作業について述べる。コミュニケーションは個人の頭の中から始まるものだからである。

類推

　頭の中で行う意味の構築には様々なやり方がある。一つは類推である。人は自分が知っていることに似ていることであれば、知っていることに引きつけて新しいことを把握できる。だからこそ、「今日の出来事」のような話題であれば自分の日常からの類推によって、

初めて会った人の話でも理解を組み立てることができる。これはある意味、最強の推論である。一方で人間には「選択的知覚」[1]と呼ばれる認知の偏向もあり、自分がよく知っていること、信じていることと符合する情報を選択して受容する傾向がある。もし、相手が話していることのほとんどが自分の信念と違うことであったり、初めて聞くような概念であったりすると、共同で理解を組み立てるためには相互に努力が必要である。この努力がないと、なにか行動を起こすときに、受け取った情報に基づいてではなく、元からもっている信念や知識に基づいて行動することになってしまいがちである。

∴ 仮説形成的推論

仮説形成的推論とは、物事の観察によって、その物事についての仮説を導き出す推論である。これはC.S.パースによって提唱された[2]考えである。観察はその対象に制約される、つまり、自分の主張によってではなく、関連する事実を総括したうえで対象そのものの力によって観察は行われ、観察にあたって、私たちは自発的に自己放棄し、その観察に基づいて仮説が形成される。そしてその仮説は「わたしよりも強い」ものであるとパースは述べている。

> **タスク 2**
> 日常の暮らしにおける良好な人間関係の構築においても仮説形成的推論は役立ちそうである。しかし、身近な家庭やクラスや職場の人間関係において相手を観察し、自分の主観を排し、「自分が相手にどう思われているか」について推論を行うことは難しいようにも思う。相手を観察し、相手と自分との関係性について仮説を形成する際に障害となることはなんだろうか。話し合ってみよう。

[1] エベレット・ロジャーズ　2007　『イノベーションの普及』三藤利雄（訳）翔泳社
[2] C.S.パース　2001　『連続性の哲学』伊藤邦武編（訳）岩波文庫

このような、自分の主張を抑制した仮説形成的推論が原子力発電をめぐる意味の共同構築の出発点であれば、私たちは神話から対話へのディスコースの転換をはかることができるのではないだろうか。仮説形成的推論は、平たくいえば、予断を廃し、事実を観察してそれを総括し、自分の頭で「こうかもしれない」というアイデアをもつことである。これができれば「考えの非合理な拘束」からは逃れることができる。そして自分の考えを話し、人の考えも聞くことができれば意味の共同構築を行うこと、つまり、対話が成立する前提が整うだろう。

　しかし、現実にはその道のりは遥かに遠い。福島第一原子力発電所の事故後、原子力のコミュニケーションは人々が自分たちの選択的知覚によるバイアスを強化しあう方向に向かっている。人がバイアスを超えて情報を受け取るためには、パースがいうような観察が必要であろうが、原子力発電をめぐるなにかを（それがなんであれ）一般の人が観察をすることは実際には不可能である。直接的に観察できないものは、人からの情報に頼って判断するしかない。しかし、ここまで考えると、問題は循環してしまう。信頼のないところに対話はなく、対話のないところに信頼は生まれない。よく知らない人が、場合によっては不信感をもっている人が、自分の考えや信念と違うことを言っていたとして、それをよく聞いて考えてみようと思うだろうか。話し合いをしないでいるとますます不信感は募るだろう。しかし、不信感をもっている人とそもそも話し合いなどできるのか。こう考えると出口はない。コミュニケーション抜きの「唐突な結論」か「無い物ねだりの不作為」を選ぶことにもなりかねない。

　原子力発電をめぐるこのような文脈の中で対話を偽装して世論を操作しようとした事件が起こった。九州電力の「やらせメール事件」である。本章ではこの事件を取り上げて原子力のディスコミュニケーションについて考え、上記のような出口なしの状況に陥らないためにどのようなコミュニケーションデザインの方法があるのかに

ついて考える。

　本章でこの事件を取り上げる目的は、この事件の関係者の糾弾ではない。この事件が原子力をめぐるコミュニケーションデザインの不備も一因となって起きた事件であり、その意味で今後もどこにでも起きる可能性のある事件であり、だからこそ、原子力のコミュニケーションについて新しい考え方と手法が必要であるという主張の裏付けとして論じたい[☞3]。

九州電力やらせメール事件

▼事件の「本質」と「説明番組」

　九州電力の「やらせメール事件」とは、2011年6月26日に行われた経済産業省「放送フォーラムin佐賀県『しっかり聞きたい、玄海原発』～玄海原子力発電所　緊急安全対策　県民説明番組」(以下、説明番組)において九州電力の社員が再稼働に賛成するメールを投稿するように社員、協力会社、取引先等に要請していた事実が明らかになり、その問題が衆院予算委員会で取り上げられ、「原発再稼働に関する視聴者の意見を当事者の九州電力側が組織的に投稿することで有利な方向にしようとする同社の行動に対して、社会から厳しい批判が行われた」(『九州電力株式会社第三者委員会報告書平成23年9月30日』[☞4])事件である。

　当時、玄海原子力発電所が福島原発の事故後における定期検査あけ初めての再稼働となるかに世間の耳目が集まる中起きた事件であり、この事件の調査のために設置した第三者委員会の中間報告をめぐり九電が疑義を表明するなどしたため、大きな注目を浴びた。第

☞3　この事件の論考については、(社)環境情報科学センター 2012「震災後のエネルギー政策のためのコミュニケーションデザイン」『環境情報科学』41(3), 17-24　も参照。

☞4　http://www.meti.go.jp/press/2011/10/20111014002/20111014002-3.pdf　2013年5月3日

三者委員会は事件の「本質」を以下のように叙述している。

「東日本大震災、福島原発事故の発生により、日本の多くの国民は、電力会社が行う発電事業のうち原子力事業がいかに大きな危険をはらむものであり、一度事故が起きれば、多くの市民、国民の生活を破壊し、社会にも壊滅的な影響を与えるものであることを痛感し、電力会社の事業活動、とりわけ原発の運営に対して重大な関心をもつようになった。それ以降、①原発施設の安全対策が客観的に十分なものと言えるのかに加えて、原発事業を運営する②電力会社が、いかなる事態が発生しても安全を確保するための万全の措置をとり得る能力を有しているのか、③信頼できる存在なのかが、社会の大きな関心事となった。そのような環境の激変に伴って、電力会社は、事業活動の透明性を、以前とは比較にならない程強く求められるに至ったのである。今回の一連の問題は、このような原発事業をめぐる環境の激変に適応し、事業活動の透明性を格段に高めなければならなかった九州電力が、その変化に適応することができず、企業としての行動や対応が多くの面で不透明であったところに問題の本質があると言うべきである。」(下線と番号は筆者付記)。

引用の中で下線を付した三つの疑問は、原発の再稼働を考える際に当然考えるべき問題である。福島第一原子力発電所の事故後初めての再稼働を見据えて説明番組が企画されたのであれば、この番組がこれらの疑問に答える目的で、その目的にそった構成で行われるものと考えるが、実際にはそうはなっていない。

第三者委員会報告書によれば、本番組の目的は、経済産業省が各電気事業者に対し実施を指示した緊急安全対策の確認結果を立地地域の住民および国民に説明することである。説明は当時の原子力安全・保安院の職員が行いその説明に対し市民代表7名が質問をし、その模様がケーブルテレビとインターネットで中継されて、視聴者

が意見を送るという構成になっている。原発の安全確保の当事者となる九州電力はこの番組には登場しない。当事者に説明の機会を与えないのであるから、電力会社の能力の判断も信用性の判断もできない。その意味でこの説明番組は、時宜にかない社会の関心に答えるような設計になっていなかった。九州電力の不透明な対応や行動の原因の一つは、このようなコミュニケーションデザインの不適切さにもある。

佐賀県はこの説明番組の後に県主催の県民説明会[※5]を開催している。その中で原子力安全・保安院の山本哲也課長（当時）は「原子力の安全については、まず、第一義的には事業者がその安全確保をしっかりとるという意味での責任はございます。それから二つ目には、それを規制する立場としての政府の責任というのがあるんだというふうに考えております」と述べている。それならばなぜ第一義的な責任者である電力事業者に説明の機会を与えないのだろうか。

九州電力の不透明な行動とその文脈

第三者委員会の報告書が「不透明な行動」と呼んでいるのは、九州電力が再稼働に対する賛成投稿を組織的に呼びかけたことである。この説明番組は、玄海原発の立地県である佐賀県の古川康知事が再稼働を認めるかどうかを判断するときの重要な材料になるという文脈の中で行われた。佐賀県知事の公式HPである「佐賀県こちら知事室です」の中の「ラジオ知事室」には、NBCラジオの記者と知事との一問一答が掲載されており、2011年6月21日放送分として以下のやりとりが掲載されている。

[※5] 2011年7月8日に佐賀県多久市で佐賀県内の住民を対象として開催。「玄海原子力発電所　緊急安全対策　県民フォーラム（佐賀県主催版）」議事録」http://www.pref.saga.lg.jp/web/var/rev0/0122/5857/110708kenminsetumeikaikaigiroku.pdf

2011年6月21日放送
原子力発電所　緊急安全対策　県民説明番組放送、原子力発電所に対する県の対応
（以下のQAの前に三つのQAを省略）

記者：国の説明番組と、来ることになれば大臣との直接のやりとりこれが知事の判断の大きな材料になると。

知事：そうですね。それぞれが一つひとつの節目になると思います。どうなるか先行きが見えないので、プロセスとしてこなしていると言った感じではないんですが、とにかくそうやって説明もしてもらう、またはときがくれば大臣の話も直接聞いてみる。そういうことで私なりに納得できるのか、また県民のみなさんの一定の理解とか納得を得られるのか。ちょっとやってみないとわからない感じですけれども、大事な局面だとは思います。

「佐賀県こちら知事室です　ラジオ知事室」より抜粋[6]

この「大事な局面」の中、開かれた説明番組の開催にあたって、九州電力は、第三者委員会の報告書によれば、再稼働に慎重な意見ばかりが集まることを懸念し、再稼働に賛成する意見の投稿を呼びかけるメールを社内外に送り、一部には賛成投稿の文案まで送っている。結果として社内45、社外96の賛成投稿がなされたが、後にこのことが発覚し、県議会でも衆議院でも取り上げられて九州電力の信用は失墜した。説明番組や県民説明会で九州電力が自分たちの安全対策について説明する機会があれば、このような話し合いの結果を偽装する行為をしなかったかどうかはわからない。報告書によれば、九州電力はこれ以前にも同様の行為をしていたことが指摘されている。しかし、このような偽装が意味を失うような話し合いの

---

[6] http://www.saga-chiji.jp/hatsugen/radio/2011/11-6-21.html

デザインはありえるのではないか。そしてこのような偽装を思いつくに至ったのは、原子力のコミュニケーション全体が第1章で述べた導管メタファー（14ページ）をモデルとして考えられているからではないだろうか。

説明番組のコミュニケーションデザイン上の問題

　説得は「よく話し聞かせて相手に納得させること」であり、コミュニケーションの目的を話し手が一方的に決める言語行為である。本説明番組で経済産業省が行おうとしたのは「安全確認がされていること」についての説得であり、「安全は確認されているのか」についての住民との対話ではない。前述の県主催の県民説明会は、この説明番組終了後にパネリストが知事に今回の説明番組が不十分であるので県主催の説明会の開催を求めたことによって実現した。つまり、本説明番組のパネリストはこの番組でのコミュニケーションに納得していたわけではなく、この説明は功を奏していない[7]。

　コミュニケーションにおいて意味は互いが努力して作り出すものであり、その結果として生まれるのが互いへの信頼である。説得によって意味も信頼も築けないことは、いままで述べてきたことから明らかであろう。原子力のコミュニケーションはいままで説得を旨としてきたからこそ、逆にいえば結果を出そうとし過ぎたからこそ失敗を繰り返してきたのだとも考えられる。これは、原子力発電を推進する主張だけの話ではなく、原子力発電を廃止すべきだとする主張についても同様である。どちらが説得的であるかを競うのではなく、どのようなエネルギー需給見通しと安全対策に基づいて現在ある原子炉をどうするのかについて、まずは冷静に参加者が考えを述べ、その理由を説明し、互いに相手の言うことを聞きあい、仮説

---

[7]　注5の県民フォーラム議事録参照

を構築するプロセスが必要であろう。そのためには、明確なコミュニケーションデザインが必要である。

　どのようなデザインが考えられるかを検討するために本説明番組の概要を以下にまとめ、デザインの何が問題であったのかをGPIOサイクルに則して図1に整理した。

▼説明番組の概要[注8]

　名称：経済産業省「放送フォーラムin佐賀県『しっかり聞きたい、玄海原発』～玄海原子力発電所　緊急安全対策　県民説明番組」

　形式：パネルディスカッションのテレビ番組

　目的：県民の「原子力発電は安全なのか」に経済産業省から答えてもらう（コーディネーターの発言）

　主な説明内容：

① 福島原発の事故はなぜ起こったのか
② 54基の原子炉に対する緊急安全対策
③ 県からの質問
　・福島原発の被害は津波ではなく地震の影響ではないか
　・浜岡原発は停止要請があったのに玄海原発にはないのはなぜか
　・福島原発の3号機はMOX燃料[注9]を使用しているがプルトニウムによる環境への影響はなかったのか

　参加者構成：
　　　　コーディネーター(1)　パネリスト(7)　説明者(3)　オブザーバー(1)

　説明者：原子力安全・保安院(3)　資源エネルギー庁(1)

　長さ：90分

　配信：Uストリーム配信し、ケーブルテレビで生中継

[注8] USTREAM配信 www.ustream.tv/recorded/15622683（2011年5月4日）より視聴し項目別に記載

[注9] ウランとプルトニウムを酸化化合物の形で混合した燃料のこと。詳しくは http://www1.kepco.co.jp/plu/8.html 参照。

	番組のデザイン	問題点
目的 (G)	経済産業省が指示した電気事業者の緊急安全対策の確認結果を「国民」に説明。	安全は確認されたのかについての「住民」との対話ではない。
計画 (P)	説明のための円滑な進行と賛成・反対の意見を広く収集することを両立。	再稼働をめぐる社会的関心に答えていない。
実践 (I)	原子力保安院の職員が対策を説明。住民代表7名が質問。ケーブルテレビとインターネットで中継。視聴者が意見を送る。	当事者の九州電力は出席しない。7名代表の選び方に正統性がない。視聴中にオンラインで意見が参照できない。
考察 (O)	一定の理解と納得を得られたのか。賛成意見、反対意見がどのくらい寄せられたのか。	この番組をどのように再稼働のプロセスの中に位置づけるのかが不明。

図1　説明番組のデザインとその問題点

　前項で述べたようにこの説明番組は、玄海原発の再稼働を考えるうえで「重要な局面」の中で行われた「県民説明番組」である。玄海原発で作られた電力は佐賀県以外にも送られているし、原発の再稼働は国民的な関心事であるので、オーディエンスデザイン[10]、つまり、誰に聞かせるのかというデザインについて、図2のような構造になっているのは頷けるところである。

　オーディエンスデザインでは、話を向ける相手をAddresseeといい、話を聞かせることを意識しているが、必ずしも直接の相互行為があるわけではない聞き手をAuditorと呼んでいる。テレビ番組では、コミュニケーションのターゲットはスタジオにいるAddresseeではなく、視聴者であるところのAuditorである。そして、今回の説明番組ではAuditorに県民と国民の二層がある。再稼働の是非を判

---

[10]　オーディエンスデザインについては、Bell, A. Language Style as Audience Design. *Language in Society*, 13(2), 1984: 145-204 を参照。

断するという文脈においては、ターゲットとするべきは、県民であり、玄海原発の周辺住民であることは明らかであるが、番組 90 分のうち、20 分間を保安院の審議官の説明にあてその内容の大半は「玄海原発ではどうなっているか」というローカルな話ではなく、福島原発後の全国の原発に共通する安全対策の話であり、全国の国民に向けた内容になっている。

このように見ると、この説明番組はデザイン、内容、文脈がばらばらであり、対話どころか説得コミュニケーションとしても成立していないといえる。

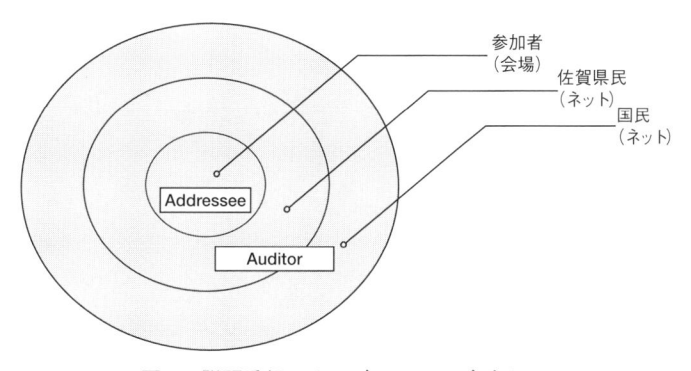

図2 説明番組のオーディエンスデザイン

仮説形成的推論を誘発するコミュニケーションデザイン案

現在のように国と電力会社への信用が失墜した状況の中では、説得コミュニケーションによっては意味の共同構築は望めない。しかし、対話をしようにも、原子力発電は当事者の範囲が広い。県民説明会のような対面のコミュニケーションの場を企画したとしても、その内容はネットやマスコミに取り上げられるのは必至であり、図2のようなオーディエンスデザインを取らざるを得ない。そこでは、

個別の発電所のローカルな問題と日本全体の原子力規制の問題というグローバルな問題を同時に層の違う聴衆に向けて話さなくてはならない。それとともに地元からも全国からも意見を出し、説明者と双方向にやりとりができなくては対話にはならない。これらのことをGPIOサイクルでまとめると以下のようになる。

目的 (G)	原発の再稼働の是非について住民・国民の幅広い意見を収集する
計画 (P)	住民・国民が社会的関心を十分に表明し、国と電力会社がそれに答える
実践 (I)	住民・視聴者参加のパネルディスカッション
考察 (O)	目的を達成できたか・次の目的設定を住民とできるか

このGPIOサイクルの実践案を図にしたものを図4に、実施概要案を以下に示す。

▼視聴者参加型パネルディスカッション実施概要案
　名称：○○原発の再稼働　何を知りたいですか・どう思いますか
　形式：視聴者参加型記者会見＋パネルディスカッション
　目的：○○原発の安全対策の吟味と意見交換
　主な説明内容：規制当局と記者の質問に電力会社が答える形で進行
　　　　　　①○○原発の概要
　　　　　　　　電気出力、運転開始年、原子炉形式
　　　　　　②○○原発の安全対策
　　　　　　　　短期・中長期対策の具体、いつまでに何をやるのか
　　　　　　③事故発生時の対応
　　　　　　　　EPZ（緊急時計画区域）別対応とその訓練状況
　　　　　　④再稼働の必要性について

　　　　　　　電力の需給見通しの面から国と電力会社の見解
質問手続き：記者は会場の市民の質問の補助とネットであがる視聴
　　　　　　者の質問を取り上げて質問
議論手続き：①〜④までを踏まえて再稼働に賛成か反対かのパネル
　　　　　　ディスカッションを行う。コーディネーターと記者は
　　　　　　質問と答えを総括し疑義がないか確認しながら要点を
　　　　　　整理して進行
参加者構成：コーディネーター(1)　市民(4)　新聞記者(3)　説明者(5)
説明者：規制当局(2)　電力会社(2)　資源エネルギー庁(1)
長さ：90分
配信：Uストリーム配信し、ケーブルテレビで生中継

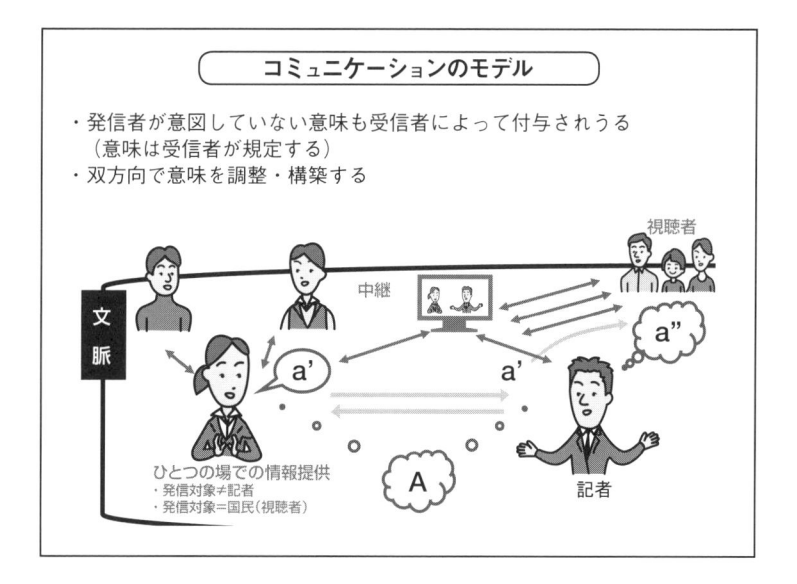

```
┌─────────────────────────────────────┐
│          コミュニケーションのモデル          │
│・発信者が意図していない意味も受信者によって付与されうる    │
│　（意味は受信者が規定する）                  │
│・双方向で意味を調整・構築する                 │
│                                     │
│          [図]                        │
└─────────────────────────────────────┘
```

図4　意味の共同構築を目指す視聴者参加型パネルディスカッション

　この案の中で一番大切なところは、電力事業者が自分たちの安全

対策を自分たちの言葉で説明し、安全対策を所管する省庁の職員が「客観的にその対策が十分であると言えるのか」を公開の場で、聴衆にもわかる言葉で吟味していくことである。そのような対話の場がネット等で公開され、その場で視聴者が意味を確認したり、意見を書き込んだりすることができ、それを取り込んで質疑が行えれば、今回の事件のような「賛成意見の組織的な要請」には意味がなくなり、不祥事の再発防止にも有効であろう。

　NHKはすでに「視聴者に一斉に番組を送り届ける同報サービスと放送局と視聴者が双方向のやりとりをするサービスを提供し、人と社会を結ぶ「公共の広場」を提供するteleda（テレダ）[11]というサービスプラットフォームを試作している。技術的には上記実施案は十分可能なものである。ここで一番問題なのは、記者が記事を書く、あるいはテレビ番組を届けるという同報のサービスから、人と社会を結ぶ新しい公共空間の中で、人々が対話を行う手助けをするという新しいミッションを受け入れられるかであろう。サービスプラットフォームとしての準備ができているなら、ぜひ使命の拡大に向けての準備も望みたいところである。

　もちろんこの視聴者参加型パネルディスカッションは原子力のコミュニケーションにおいて意味の共同構築を目指すデザインの一案に過ぎない。ほかにも「熟議型世論調査」と呼ばれる無作為抽出で選ばれた人々が何か一つの話題について専門家の話を聞き、質疑応答をし、グループ討議をするという対話イベントを経て、イベント参加の前と後で意見が変わったかを調査する方法や、第5章と第6章で紹介する裁判員制度の評議のように、法律を整備し、国民を無作為抽出により召喚して、委員を選任して個別の問題について審議し、評決を出すという方法も考えられるだろう。刑事裁判の場合には控訴されなければ、個別の事件についてはそれが最終判断となる

---

[11] http://www.nhk.or.jp/strl/teleda/　2013年5月3日

のだが、原子力発電所の場合にはそうはいかないだろう。裁判員制度と同列には論じられないが、しくみが整えばエネルギー行政に市民が直接的に参加する道が開けるだろう。

　日本は技術立国である。エネルギー資源の争奪があの悲惨な敗戦に至る第二次世界大戦参戦の大きな動機であったことは歴史的な事実である。そして敗戦に至る道筋において日本の国民が「非合理な拘束」によって思考を拘束されてきたことは数々の報道アーカイブが証明している。エネルギー問題は資源に恵まれない地震国である日本のアキレス腱である。ここに話し合いによって合意を見出していく道を私たちが見つけられるかは、次の世代の将来を左右する大きな課題となるであろう。

> **課題2**　今ある原子炉をどうするのかという問題と、これからの原子力発電をエネルギー需給見通しの中でどう位置づけていくのかという問題は、関連してはいるが別の問題である。本論で扱った再稼働の問題は前者の問題の一部である。後者の問題について仮説形成的推論を行うために、私たちは何を知らなければならないのか、どんな知識を誰とのあいだに共同構築すべきなのか考えてみよう。

> **column**
>
> 「討論型世論調査」の目的は？

　広い地域や長い世代に渡る問題、利害関係が大きく異なる問題について私たちはどのように意味の共同構築をしたらよいのだろうか。本章で扱った県民説明番組の他にも 2012 年の夏にはインターネット等でのパブリックコメント、全国 11 都市での意見聴取会と、様々な（選挙以外の）方法が取られた。しかし、これらの意見は参加者間でやり取りされ、深められる事もない。また、自薦で集まった参加者は有権者の一部でしかなく、その見解に代表性があり、それを用いる正統性があるのか、という問題もある。

　その問題に対する回答の一つが「討論型世論調査」と呼ばれる手法だ。これは無作為抽出による質問紙調査と討論集会を連携させた手法で、アメリカの政治学者フィシュキンらによって 1994 年に開発された。討論型世論調査は概ね以下の流れで実施される。

(1) 無作為抽出によって質問紙調査①を実施
(2) 回答者の中から討論集会への参加希望者を数百人募る
(3) 討論集会にて質問紙②に回答
(4) 小グループ討論（専門家に聞く質問を一つ作成）
(5) 全体会議（専門家と質疑）
(6) 質問紙③に回答し散会
(7) 討論内容や質問紙の結果（①→②→③の変化等）をメディアで素早く公開

　討論型世論調査では、政治的平等と熟議が透明性を保って達成できるように配慮されている。まず、無作為抽出によって回答者の偏りを避け、質問紙調査によってどのような意見傾向があるかを把握する。続く討論では専門家

への質問を作る以外に何らかの合意形成することはない。その目的は熟議を通して他者の意見を知ること、自らの意見の変容がありうることを知ること、そして個人として明確な意見をもつことにある。この変容はやはり質問紙調査の回答データで示される。結果はメディアを介して公開し、参加者以外にも熟議を促すのも重要なポイントである。

　しかし課題もある。それは上記の参加者個別の目的とは別に、実施者は何を目的とするかである。「2030年のエネルギーシナリオ」をテーマとして2012年8月に国が実施した討論型世論調査ではこれが露呈した。その目的は「国民の意向を把握するため」とされたが、実際に政策に反映させるのかについては何の拘束力も持たず、曖昧さが残されたままだった。このため招いた批判も少なくはなかった。討論型世論調査では計画と実践が慎重にデザインされ、考察のためのエビデンスが公開されているという大きな利点がある。しかし、こういった目的の不明瞭さは計画と実践自体への不信感を生み、次のGPIOサイクルにつながらず、一回きりで途絶えてしまうことになる。コミュニケーションデザインにおいて目的の設定と共有が重要であることをこの事例は示しているだろう。

第3章

ゼロレベルのコミュニケーションデザイン
市民による太陽光発電を目指して

　第2章で原子力発電における電力会社と国民とのあいだのディスコミュニケーションについて論じ、原子力発電所の再稼働の問題について現時点で考えられるコミュニケーションデザインの提案をした。このデザインはただの構想であり、実施されていないものであるから、GPIOサイクルを回す段階には至っていない。しかし、読者はコミュニケーションデザインの概念を現実の問題例に即して把握することはできたのではないかと思う。明確なデザインが考えられるかどうかは、デザインによって対処しようとしている問題がどのくらい明確かにかなり依存する。

　本章で扱うのは、問題が顕在化する前の、「目的を設定する」というファーストステップを踏み出す前のいわばゼロレベルのコミュニケーションデザインである。問題は顕在化する前に発見するほうが解決しやすいし、コミュニケーションはこじれれば厄介だということは日常の経験からも、第2章で見た原子力の例からも明らかである。この顕在化していない問題を考えるための好例となるのが、原子力への不安と軌を一にして期待が高まっている太陽光発電をめぐる問題である。

　再生可能エネルギーのうち、水力発電は日本の発電電力量の8％程度を占めている。しかし、水力以外の、風力発電、太陽光発電、バイオマス等に代表されるいわゆる狭義の再生可能エネルギーが日本の全発電量に占める割合はわずか1％程度（平成24年度資源エネ

ルギー庁資料）[1]である。現在のところは、人々が期待をよせるほどには日本の電力供給に貢献していない。狭義の再生可能エネルギーが、原子力発電が2011年の大震災前までに占めていた30%という発電量割合に達するには遥かな道のりが予想される。地球温暖化対策、先進国で進む大規模インフラの老朽化、石油価格の上昇傾向が今後続くと考えられることなどから、再生可能エネルギーと蓄電装置ならびに省エネ技術による分散型電源（電気が使われる場所の近くにある小規模な電源）の普及は、これからの世界の潮流となるだろう。

しかし、日本の社会がその潮流に乗っていくには、技術と制度の問題以外に、「人々のあいだの合理性の葛藤」という顕在化していない、けれども放置すれば社会的に異なる人々のあいだのディスコミュニケーションに至る問題があることを認識し、問題を把握し、その対処の仕方を考える必要がある。では、どのようにその問題を把握したらよいのだろうか。もちろんこの問題は、コミュニケーションだけの問題ではなく、技術と制度が関わる問題でもある。再生可能エネルギーの背後にあるまだ顕在化していない問題のありようを見るために本章では、私たちが掛川市で実施した太陽光発電普及促進の取り組みをケーススタディとして紹介する。第2章で扱ったのが電力の供給側の問題であるとすれば、本章で扱うのは電力の需要側の問題である。

❖ 電気のない暮らしと空気のような電気

現在、世界中で13億人が電気のない地域に住んでいる（IEA 2011. 2009年調査）[2]。そして電気のない地域のほとんどがアジアと

---

[1] 再生可能エネルギーの固定価格買い取り制度について　http://www.enecho.meti.go.jp/saiene/kaitori/dl/120522setsumei.pdf　2012年11月20日

[2] IEA World Energy Outlook　http://www.worldenergyoutlook.org/resources/energydevelopment/accesstoelectricity/　2013年06月03日

アフリカに位置している。たとえば、日本の最西端の与那国島から約 480km にあるフィリピン共和国の多くの島々で、人々は電気のない生活をしている。電気のない島では、主な移動手段は徒歩か自転車で、灯りもランプしかない。学校でパソコンは使えないし、病院でレントゲンも撮れない。そういう暮らしを毎日している人が 13 億人もいる。

電気によって私たちは、霜の降りるほど寒い日も、うだるほど暑い日も快適な温度で過ごすことができ、夜も明るい我が家でインターネットを楽しむことができる。電気は私たちの生活のすみずみまでを文明の利器で満たす力の源泉である。しかし、1995 年、2011 年の大震災を経験してなお私たち日本人は、普段はそのことを忘れている。停電を起こさない世界トップレベルの電力安定供給インフラを誇る日本において、大震災後の「計画停電」[3]を経て節電意識の高まりはあるにせよ、電気は当たり前にそこにある空気のような存在である。これは、多くの日本人が「電気を選ぶ」という経験をしたことがないこととも関係しているかもしれない。

日本では、十社の電力会社が電気を作る発電と、電気を送る送電、そして個々の家庭や事業所に電気を配る配電のすべてを担い、それぞれの管内における家庭向け電力供給を独占している。EU 諸国やアメリカは発電と送電を担う会社を分ける「発送電分離」の電力供給システムを取っている。日本の電力会社は戦後、営々とした努力を重ねて電力の安定供給に努め、私たち日本人を文明の利器なしに生きられない存在にし、その存在を維持するのに不可欠な電力を差配してきた。その差配を受け入れる見返りに私たちは電気のことに煩わされることなく、自分たちの仕事に専心してきた。

知ることによる恩恵[4]が感じられない事柄については、知らない

---

[3] 電気事業法第 27 条に基づき経済産業大臣が行う電気の使用制限。
[4] この恩恵は経済的なメリットだけに限らない。社会的、政治的な力を行使していると感じられることなども含まれる。

でいることを選ぶことを合理的無知という。電気の供給と需要のしくみについて無知であることもいままでは個人にとって合理的選択でありえたかもしれない。しかし、「電力買い取り制度」という考え方とそれを可能にする再生可能エネルギーの技術が電気について無知でいることの合理性を個人から奪い、人々のあいだの合理性の葛藤という新たな問題を生じさせつつある。

　合理的行動とは状況に応じて物事の連関を判断し、分別ある行動をする能力を発揮することである。無知の段階にとどまるよりは、異なる合理性の葛藤に意識的であるほうがいい。さらにはその整合に至る道筋を見つけるほうが進歩的であることは間違いない。たとえその過程が困難なものであるにしても。

> **タスク 3**
>
> 自分たちにとって大切なことだが、問題に直面するまでそのことについて考えてもみない、あるいは対策をしないで過ごすということは世の中にいろいろある。親の介護の問題、組織の再編成、災害対策などいろいろあるだろう。さらに、そのことについて知り、対策を取る人と取らない人が同じコミュニティや家庭内にいることによって、両者の利害と価値の対立が顕在化するということは日常生活の中でも起きることだろう。もちろん、対立の度合いも、対立の顕在化度合いもいろいろあるだろう。かつて経験したことを一つ取り上げ、知らないですます場合と合理性や価値の葛藤に向き合う場合とに分けて、自分にとってのメリットとデメリットについて考えてみよう。

地域分散型電源としての太陽光発電への期待と懸念

　太陽光発電は太陽の光のエネルギーを電気に変えるシステムである。太陽光発電を「たいようひかりはつでん」と呼ぶ研究者もいる。一般的には、一度設置すると特別なメンテナンスは必要なく、無尽

蔵に降り注ぐ太陽の光を電気に変換し続けると考えられている。もちろん昼間しか発電できないが、昼間発電した電気をためておく蓄電装置と組み合わせて地域の分散型電源とすることが災害対応の面からも期待されている。災害時の避難場所に昼間だけでも、災害時も稼働できる太陽光発電システムが設置されていることは、地域社会全体にとって大切なことであろう。

スクールニューディールという文部科学省の施策のもとに、国が費用のほとんどを負担して小中学校への太陽光発電の設置が進んだ地域もある。後に紹介する掛川市は、この施策により市内の小学校のすべてに太陽光発電システムの設置を終えた。しかし、この施策は地方自治体の申請により行われたので、まったく普及が進んでいない自治体もある。また、公民館等のように、より地域社会の近くにある小規模な公共的な施設へのシステムの設置には、誰が設置費用を負担し、平時は何に活用するのかという問題もあり、全国的にあまり普及が進んでいない。「災害対応の非常用電源の設置」という地域のコミュニティにとって合理的かつ喫緊の措置に対する対価を誰がどのように負担するのかという問題が、多くの地域に残されている。

太陽光発電システムは電気だけでなく、作った電力を売ることでお金も生み出す。自宅に設置した太陽光発電システムで発電した電気を既存の電線に流し、電力会社に買い取ってもらう「電力買い取り制度」が各国で導入されている。2012年現在、日本は自宅用については自宅で発電した電力のうち、自家消費分を引いた余剰電力について電力会社に買い取らせる制度を導入している。この制度と補助金、下落を続けるシステム価格により、日射に恵まれた地方の場合には、10年程度で初期投資を回収できる試算結果を国が示している。初期投資を回収した後は、電力会社への売電により、電気だけでなくお金も生み続けるシステムとなる。まさに現代の錬金術のような話である。もちろん錬金術とは違って、太陽光発電システ

ムは確立された技術であるが、この試算ではシステム設置に借入金などがある場合にはその金利負担、システム導入後のメンテナンス費用や設置後に発生する修繕費等は考慮しておらず、費用回収までの期間、安定して発電が得られることが前提となっている。

システムの不具合や故障事例も報告されている[5]が、メーカーの保証を受けるためには設置者が故障に気づき、メーカーに保障を申し立てる必要がある。このためには設置者が自分のシステムの仕様を把握し、本来このくらい発電するはずであるという理論値と実際の発電量という実測値を知っている必要がある。そうでないとまったく発電しない等の故障でないかぎり、故障していることにすら気づけない。電気について無知でいることは太陽光発電の設置者にとって合理的なことではなくなったのである。

電気について合理的無知が通用しなくなったのは、太陽光発電の設置者の話だけではない。太陽光発電システムの設置には国からと地方自治体から補助金が出る。言うまでもなくこの原資は税金である。さらに、電力会社による電力の買い取りの資金は、電気を使う人すべての電気料金に上乗せされるので、設置者以外からも、実質的には税金のように徴収されている。そして、そもそもシステムの設置に初期投資がかかること、太陽光パネルを自宅の屋根に設置する人が多いことから、この補助金制度と電力買い取り制度には、持家があるような所得が多い人、いわゆる富裕層をより優遇し、所得格差を拡大させる面もある。設置者が増えれば電気料金に上乗せされる負担額も増える。設置していない人はこういう面により敏感になり、買い取り制度について、電気料金の値上げについてより知ろうとするだろう。そして制度と太陽光発電技術について知った結果、非設置者が応分の負担をすることを是とする気持ちにならなけれ

---

[5] 若林始・五十嵐剛・大谷謙仁・高島工 2009「住宅用太陽光発電システムの不具合事例に関する設置者の意識調査」『電気学会　電力・エネルギー部門大会論文集』（CD-ROM）No. 49.

ば、普及促進を支える電力の買い取り制度の社会的な妥当性を問われることにもなりかねない。

　また、日本は高齢化が急速に進んでいる社会でもある。2025年には、65歳以上人口が3600万人（全人口の30%）を超える超高齢化社会が到来し、戦後のベビーブーム世代が75歳以上の後期高齢者となるといわれている（「地域包括ケア研究会　報告書─今後の検討のための論点整理」[注6]）。高齢者が世帯主である世帯も30%に達する。そんな中で行われる太陽光発電システムの普及促進は個人の買い取りのみならず、リースや屋根貸し等、導入コストと回収を設置者の世帯特性、地域特性にあわせた多様な方法があるべきだろう。それが、前述の「富裕層優遇」の緩和にもなる。地方都市を中心にまちなか集住の政策が推進される中、住む人のいない住宅で発電を続けるシステムが増えれば、太陽光発電の普及が進んでも地域分散型のエネルギー管理からは遠のいてしまう。超高齢化社会の到来に直面している地方都市において、太陽光発電システムを地域の分散型電源とするためには、システムの設置・普及がその地域にもたらすメリットや、その普及に伴う課題、たとえば、設置者の死去や転居等に伴う世代交代、システムの故障診断、維持管理、老朽化した製品の回収などについても地域の特性にあわせた検討が不可欠である。

　このように、太陽光発電という新しい再生可能エネルギー技術の導入は、いままでにない新しい問題を社会に持ち込み、今までにない解決方法を要求する。その解決方法は法律を制定することや補助金を出すなどのようなトップダウン的な方法だけでは不十分である。では、どうすればいいのか。新しい問題をいきなり制度的な解決に持ち込もうとするのは危険である。制度を頻繁に変えることは国への不信に直結し、社会的な混乱と経済の停滞を招く。染み抜き

注6　http://www.mhlw.go.jp/houdou/2009/05/dl/h0522-1_0001.pdf　2013年06月03日

をするときに洋服の裏地の小さな範囲で試して服の色が落ちていないか、繊維にダメージはないか等をよく見るように、まずは小さな地域で現行の制度内で関係者が少し無理をすればできる新しいしくみを作り、その結果を詳細に分析して、成果と課題を把握することが必要である。このような試みは、一般に「社会実験」と呼ばれている。社会実験は行政が事業を「本格実施」、「見直し」、「中止」に仕分けるために行うものではない。染み抜きの例でいえば、染みが落ちるかどうかを判定するだけではなく、服への影響も見て効果を判定するから試行としての価値がある。価値のある試行を行うためには、社会実験に参加する人の行動の分析だけではなく、参加者の社会的属性や考え方を含めて分析し、今後のあるべき方策を立てることが必要である。この段階がコミュニケーションデザインのゼロレベルである。そしてその試行の結果を制度の中にしくみとして定着させるために、しかるべき目標を設定し、GPIO サイクルのコミュニケーションデザインを市民と一緒に行う必要がある。行政が行う社会実験にはここまでを目指したものは少ない。次に紹介する掛川市でのケーススタディはそのような分析も含んだ社会実験[7]を目指している。

ケーススタディ　掛川市における太陽光発電普及の社会実験

　掛川市は静岡県の中心部、日射量に恵まれた東海地方沿岸部に位置する人口約 12 万人の都市である。市の高齢化率はおおむね全国平均と同レベルの 21%（2012 年現在）で、生涯学習活動に基づく環

---

[7] ここで述べたような、問題の当事者とともに社会実験の結果を考え、その結果をもとに何をすべきなのかを決めて実行し、その結果をまた研究に戻していく研究と実践の連鎖は、action research と呼ばれる研究手法である。社会実験は政策の意思決定の文脈で用いられる事が多いので、このような連鎖を念頭に置いていないものが多い。本章で紹介するケーススタディも action research であるが本章ではとくに区別せずに社会実験と呼ぶ。

境活動が盛んな市でもあり、全国に先駆けて成功させたマイバッグ運動[8]など、市民参加による行政目標の達成に多くの実績をもつ。東京工業大学の筆者たちのチームと掛川市は、太陽光発電をシステムが故障なくその寿命を全うして、安定した地域分散型電源となるように、発電量の自己診断支援、および設置者の意識調査を2009年度より行い、市役所と協働で大量普及に向けた課題を洗いだしつつ、普及のための施策を打ち出すという社会実験に着手している[9]。

　調査は主に、掛川市が2009年に実施した環境省の「グリーン電力証書モデル事業」[10]に参加した市内100世帯を対象としている。この調査をもとにいままでしてきたことと、これからしていくことをあわせて、「地域発電性能全うモデル」というモデルを現在構築しつつある。このモデルは全体が以下の7段階で構成されている。図1にこのモデルの概要を図示する。

① 国内メーカーの協力による規格を統一した安価な太陽光発電システムの普及計画
② 地元設置業者とNPOによる規格にあう設置者の選定と設置相談体制
③ システムの健全性をチェックする発電性能自己診断支援システム
④ 相談体制をもとにした地元業者とメーカーの協力による維持管

---

[8] 買い物をする時に自分のバッグを持っていき、レジ袋を使用しないようにする運動のこと。レジ袋有料化をあわせて実施し、掛川市では大きな効果を上げている。
http://www.city.kakegawa.shizuoka.jp/life/kankyou/gomigenryo/mybagundou.html

[9] 調査とその結果の概要については、植田譲ほか　2012　「PV自己診断支援システムの開発と太陽光発電システム普及促進に向けた地域コミュニティ連携に関する東工大と掛川市の取り組み」『太陽エネルギー』38(3), 53-58.　東京工業大学西條研(編)　2013　『東京工業大学グローバルCOEプログラム　エネルギー学理の多元的学術融合文理融合共同研究　市民による太陽光発電にむけて―掛川市における実践研究報告書』参照

[10] 制度の概要については、環境省ホームページを参照
http://www.env.go.jp/press/press.php?serial=11218　2013年06月03日

理体制の構築
⑤ 老朽化したシステム回収のしくみ作りに向けた検討
⑥ 故障リスク、システムの撤去費用を勘案した購入・リース・屋根貸しなど、多様な普及形態とそのために必要となる資金調達方法などの代替案比較検討
⑦ 世代交代を見越した今後 20 年間の太陽光発電システム普及計画の策定

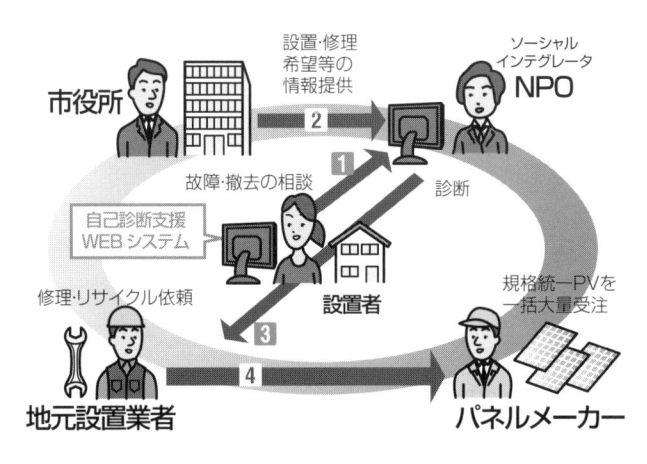

図1 地域発電性能全うモデル

　現在では、購入したシステムについて故障が疑われるくらいに発電量が落ちていないかを設置者が自分で診断できる自己診断支援システムの開発を終え、前述のグリーン電力証書事業に参加した約 30 世帯が定期的に自己診断を行っている。発電性能の自己診断支援システムは、市役所に設置した日射計と各家庭のパソコンから閲覧する web サイトからなっている。日射計により、掛川地域の日射量を知ることができ、地域の推定発電量を算出することができる。この推定の発電量はサイトに掲載され、この数値と自宅のメーターからわかる総発電量を比較することによって、自宅の太陽光パネル

の発電量に問題があるのかどうかを知ることができる。このサイトは自宅のパソコンから見るが、発電量を記録するのみならず、コメントを書き込めるようにしたり、問題があると診断された場合には、どこに問題があるかを自分で判断するためのチェックリストが見られるようにしたりする予定である。システム概要については、図2を参照されたい。

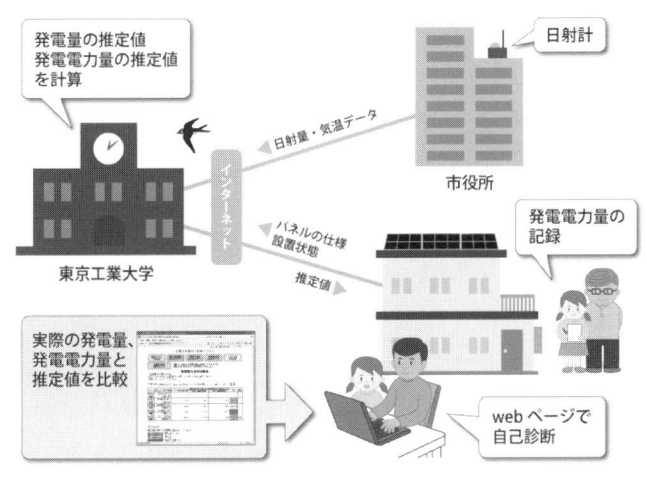

図2　太陽光発電自己診断支援システム

　この自己診断支援システムの実装により、現在までのところモデルの段階でいえば、③までは確立している。太陽光発電システムのように新しい技術を導入するときには、購入と修理の相談をメーカーや販売業者とではなく、知識のある第三者、できれば市民同士で行えることが望ましいと考えられる。図1で示したNPOなどが相談のつなぎ役となるとよい。パネルメーカー各社は販売にしのぎを削っており、購入について相談をすること自体が購入についてのコミットメントと見られるという恐れがあるからである。掛川市役所では、市役所内に相談窓口を設け、地元の設置業者による相談会

を開催している。また、私たちのチームと協働で自己診断支援システムのユーザーを対象に設置者の質問にシステムの専門家が答える質問会や、設置者同士の意見交換などのイベントも行っている。しかし、地元業者とメーカーの協力によるシステムの修理・リサイクル体制の構築には至っていない。④〜⑦に示したような段階を経て、新しい雇用を生む太陽光発電関連のイノベーションが起こるものと考えられるが、それを実現するためには、現在の設置者の特性を把握し、将来どのような人々が新たに設置するのかを予想し、相談や修理の依頼のような太陽光発電システムに対する安心感を醸成するコミュニケーションを促すにはどうしたらいいのかを考える必要がある。

掛川市での100世帯調査

　私たちのチームは、上記の目的をもって前述の100世帯について質問紙調査を実施した。質問項目は太陽光発電システム導入の理由や、所有する太陽光発電システムに関する知識、地域への関心等を問う設問からなる。また、私たちが行った先行研究（Kawamoto et al., 2011[*11]）をもとに、日本人一般と掛川市の太陽光発電システム設置者のあいだの科学技術や社会への関心傾向の違いである「科学技術リテラシータイプ」を分析した。リテラシー傾向については、図3を、それぞれのリテラシータイプについては表1を参照されたい。さらに、前述の自己診断支援システムユーザーを対象としたイベントや太陽光発電システムの設置者の意見交換会を実施した。そしてこれらのイベントや診断システムへの参加の有無を調べ、これらに参加している人とそれ以外の人の意識の違いを分析した。その結果、

[*11] Kawamoto, S., Nakayama, M., & Saijo, M. 2013 A Survey of Scientific Literacy to Provide a Foundation for Designing Science Communication in Japan. *Public Understanding of Science,* 22(6), 674-690.

掛川市の太陽光発電システム設置者は日本人一般に比べ、科学技術に関心が高い「科学好き」型が多かった。導入の動機は、経済的利益と環境貢献にあったが、技術的な興味も高いこともわかった。

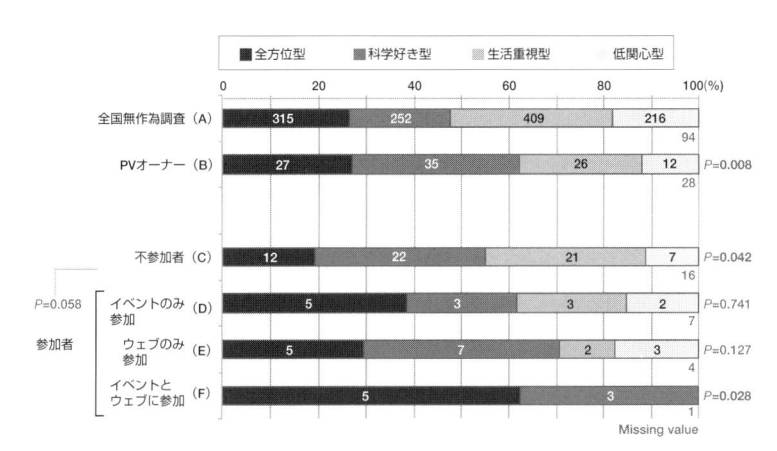

図3　全国調査と掛川の太陽光発電システム設置者のリテラシー傾向の違い

表1　全国規模の調査での各クラスターの割合および各クラスターの特徴

クラスター1 「全方位」	26.4%	科学技術への興味や価値意識が強く、社会的な参加意識も高い人々。何事にも肯定的・楽観的。
クラスター2 「科学好き」	21.1%	科学技術への興味は強いが、価値意識や社会参加意識は低い。懐疑的な傾向。比較的若い男性が多い。
クラスター3 「生活重視」	34.3%	科学技術は苦手だが、社会的な興味は高い人々。女性が多く、リスクに対して敏感な傾向がある。
クラスター4 「低関心」	18.1%	科学技術への興味や価値意識が低く、社会的な参加意識も低い人々。若年層がやや多い傾向。

次に、イベント参加・ウェブ利用、導入の関心と懸念、故障リスクに対する認知、地域愛着、科学技術リテラシーの関係性を対応分析[12]という、質問に対する回答相互がどのような関係になっている

---

[12] 対応分析を用いた事例の検討については、第4章、第9章も参照。

のかを示す分析法によって解析した。その結果、イベントに参加し、かつ自己診断システムを利用した人と、イベントにのみ参加した人はよく似た特徴をもっていた。彼らは太陽光発電システム導入の動機として、技術的関心が高く、地域社会との接触も高い傾向があった。自己診断システムの使用だけで、イベントには参加しなかった人は、太陽光発電システム導入にあたって明確な動機や懸念をもっていなかった。彼らは地域との接触も低い傾向があった。イベントへ参加せず、診断システムも使わなかった人は、診断システム利用者よりさらに明確な傾向がなく、「低関心」型科学技術リテラシー傾向をもっていた。また、この4類について太陽光発電システムシステム導入時期別に割合を見たところ、早い時期に設置した人ほどイベント参加者の割合が高く、まったく参加しなかった人の割合が低かった[13]。

イノベーターとそれ以外の人々の違い

掛川市の太陽光発電イベントに参加している太陽光発電システム設置者は、いわゆる「イノベーター」的性格を強くもっていた。ここでいうイノベーターとは、新しい技術を使った製品を最も早く受け入れる「革新的採用者」とも呼ばれる人々である。このことは、イベント参加者に太陽光発電システムを早い時期に設置した人が多いことからも裏付けられた。彼らは技術的な関心が高く、社会的な活動性も高い。このような特徴をもつ人は必ずしも社会の中で大多数を占めるわけではない。しかし、太陽光発電システムに関連したイベントをすると参加するのは、「イノベーター」ばかりというこ

---

[13] Kawamoto, S., Ueda, Y., Mukai, T., Abe, N., Ohtsuka, H., & Saijo, M. 2011 PV Owners' Knowledge and Attitude: Difference between Public Event Participants and Nonparticipants in Kakegawa, Japan. 26th EU Photovoltaic Solar Energy Conference. Hamburg, 2011-9-7, Poster Presentation.

とも考えられる。より「一般的」な傾向をもつ人にもイベントや相談といった地域のコミュニケーション活動に参加してほしいと思うならば、対面イベント以外のコミュニケーションチャンネルも必要である。その点で自己診断システムは、強い関心や懸念、社会参加傾向をもたない人々の参加もある程度可能にすると考えられる。しかし、イベントにも参加せず、診断システムも利用しなかった人はさらに明確な関心をもっていなかった。これから導入する人々はこういった傾向をもっている可能性があり、太陽光発電システムの普及促進のために「相談会」や「イベント」が有効かについては大きな疑問が残る結果となった。

違いを踏まえたコミュニケーションデザイン

　前項で述べた調査の結果から、これからの太陽光発電システムの設置者は、私たちの科学技術リテラシーのタイプでいえば、「生活重視」型と「低関心」型という科学技術に興味がなく、さらに社会的なことにもあまり興味のない人々に広がっていくこと、こういう人々は太陽光発電システムについてのイベントなどにはあまり参加してくれそうにないことがわかった。こういう傾向が表れるということが「技術が普及する」ということなのかもしれないが、太陽光発電システムを設置するということは、その設置場所が発電所になるということである。家電を購入するのであれば、その選択が個人にとって合理的であればよいのだが、「発電所」になることは、現在の日本の制度下では、電線とつないで系統に電気を流すことを意味し、それは必然的に他の電力使用者に影響を及ぼす社会的な選択となる。個人の合理性の追求の総体が地域社会にとっても合理的な選択となるためには、前に述べたような高額の初期投資ができない人々にも太陽光発電システム設置による恩恵があるような多様な設置形態が行政等によって推進される必要がある。設置の多様性とと

もにコミュニケーションのチャンネルの形態の多様性も必要である。現在までのところ、私たちが掛川市で行っている太陽光発電システムをめぐるゼロレベルのコミュニケーションデザインは、調査をすればするほど、要因が複雑に交錯していることがわかり、地域の人々と共有できる目的を設定してGPIOサイクルを展開するコミュニケーションデザインに入れる段階にきていない。しかし、安易な目的の設定は太陽光発電システムのプロパガンダにつながりかねず、社会的なデビューを果たしたばかりの再生可能エネルギー全体に対する国民の信頼を損ねることにもなりかねない。

私たちには、電気のない暮らしはできない。そういう暮らしを毎日営む能力はすでに失われてしまっている。節電をすることと電気のない暮らしをすることとはまったく違うことである。私たちは太陽の光エネルギーを電気に変えるという魔法のようなすばらしい技術、しかし、現時点では私たちが必要とする電力のわずかしか生み出せない技術、社会的葛藤をも生み出す技術を法律と制度としくみと人々のあいだのコミュニケーションとで守り、育てて、文明的な生活を持続可能なものにしていかなければならない。それは、すべての国民にとって合理的な選択であるはずだ。

本章で述べた社会実験は、地方自治体での政策を決める際に考えるべきGPIOサイクルの前段階にするべきことである。もちろん、社会実験のそれぞれの段階においてコミュニケーションはあり、GPIO的に整理できることもあるだろう。しかし、太陽光発電のような新しい技術の普及促進においては「何を目的とするか」というGPIOサイクルの目的の設定のために、この章のような社会実験的な調査が必要であるということである。調査とGPIOの関係についてはコラムも参照していただきたい。

課題3

急速に高齢化していく日本社会において地域の分散型電源の普及にはどのような社会的な合理性があるか考えてみよう。その一方で、分散型電源設置のためのコスト負担についてどのような人にとって個人的合理性があり、どのような人にはないのか。そしてそれらの合理性はどんな条件を動かすと変わるのか考えてみよう。

column

人々をどうとらえるか―GPIOと質問紙調査

　質問紙調査と言えば、とりあえずの質問紙調査、しかし結果が出てからどう分析するか、どう実践に生かすか困り果てる…というのはよくあるパターン。ここではコミュニケーションデザインにつなげる質問紙調査のポイントについてごく簡単に紹介したい。

　まず、何かを知るためには仮説が必要だ。その際、GPIOの計画にある「誰に」「どうなってほしいか」という要素と、実践の「方法」に着目するのがよいだろう。コミュニケーションの対象は「誰」で、その人々の意識や態度の現状はどうなのか、その上で「どのような方法」で働きかけると「そうなるか」、という仮説である。

　次に、その仮説を検証するのに適切な質問紙を構成しなければならない。そしてその結果から回答者を意識や行動等をもとに分類し、クラスター間の関係を捉えるのである。本章で紹介した4クラスターからなる「科学技術リテラシータイプ」がそれだ。この分類作業で重要なのは、実態に即しており、実施可能な「方法」と対応している分類であることだ。例えば、世の男性を二分するとき、向井理とジョージ・クルーニーを代表として用いたとする。そうするとあなたの隣の男性は、ほぼ向井理になるだろう。しかしそれにはまず納得できないはずだ。おまけにその基準を用いた理由が、太陽光発電の普及率に対して希望的か否定的かを見て何らかのアプローチを図るためだとしたら、全くもって意味がない。

　科学技術リテラシータイプは、科学技術や社会参加に関する意識や態度による分類だが、あくまで総論としての意識や態度であり、太陽光発電に関する実際の意識や行動はわからない。そのため、さらに実際のアプローチの方法である自己診断支援システムや対話集会の利用・参加行動と組み合わせ

て、クラスターの実質を理解するようにしている。

　最後はGPIOの考察にある「達成」だ。何を指標として用いれば、「そうなったか」という「達成」が分かるかを考えなければならない。ちなみに本コラム冒頭で述べた仮説は、未来の事象に関する命題であり、何もしていない段階では検証不可能である。そのため、「どのような方法で働きかけられた人が」「現状そうなっている」という仮説が正しい。「そうなるか」という仮説はGPIOサイクルを回して再度調査する時に適切となる。つまり、GPIOサイクルが一回りした後に参照可能なデータとなるように、ゼロレベルにおける質問紙調査を実施しなければならないということだ。

　以上駆け足で述べたが、質問紙調査の意義は、社会実験を協同する人々との作成作業を通して、GPIOを整理し共有するという側面も非常に大きい、ということを最後に触れておきたい。

第4章

目的のデザイン
多職種連携の疑心暗鬼を解消したい

　年をとるに従っていろいろな衰えが兆してくる。衰えるということは、いままで当たり前にできていたことができなくなるということである。老いて、衰えなしに死んでいくことは不可能であるので、たいていの人はなんらかの形で人に面倒を見てもらいながら最期の時を迎える。

　人の面倒を見たり、見てもらったりすることは人間関係の基本であるから、この関係そのものを費用と便益で捉えることはできないが、実際問題として人に面倒を見てもらうということには費用がかかる。私たちは社会保障費と呼ばれるこの費用を年金の保険料や税金という形で負担し、自分たちの順番が来たらそのコストを次の世代が払ってくれることを期待している。この期待が現状の制度を支える源泉であるから、行政はこの期待を裏切らないように努力しなければならない。日本の人々はこれから先、生産人口が減少し、少子高齢化した人口構成が国の経済成長の重荷となる人口オーナス（オーナスは負担という意味）と呼ばれる人口動態の中で生きていくことになる。そんな中で、いまの若い人々の老後の社会保障を守るために、行政と住民はどのように努力したらいいのだろうか。そこにどのようにコミュニケーションデザインの問題が関係してくるのだろうか。この問題についてこの章で述べたい。

　第3章で述べたように、2025年には日本の人口の30%が65歳以上の高齢者で占められる。2012年現在、高齢化率が21%の状態

で、日本の社会保障関係費の歳費は約 28 兆円であり、一般歳出に占める割合は 2 年連続で 50% を超えている（平成 23 年度予算。参議院調査室作成資料HPより）[☞1]。社会保障関係費には、「医療」、「年金」、「福祉」、「介護」、「生活保護」などの公的サービスが含まれるが、年金とともに、医療と介護にかかる費用が今後ますます増大していくと見られている。国民皆保険制度という保険証 1 枚で日本中の医療機関で 3 割かそれ以下の自己負担で医療が受けられるという理想的な制度が、これからの日本に重くのしかかる負担となる。介護保険についても、生活機能が衰えた独居老人でも個人の尊厳を失うことなく人生を全うするための保険という先進的な制度ではあるが、支出を強いられるだけでサービスを利用していない現役世代と健康な高齢者に過重な負担がかかれば、制度への背信につながるかもしれない。消費税をあげても大幅な税収の改善は望めない状況で、増え続ける高齢者の社会保障を支えるために、社会保障関係の公的サービスの担い手である地方自治体にできることは何なのか。第 3 章で太陽光発電の問題への取り組みを紹介した掛川市は、この問題にも独自の取り組みをしている。

地域の困りごとの複雑さ

社会保障関係の公的サービスは、おおざっぱにいえば、地域社会の中の困りごとを解決に導く、あるいは困ったことにならないように手を打つ仕事である。地域社会の困りごとにはいろいろな人々の様々な生活の局面が関わっている。このような仕事においては多種類の専門職がそれぞれの専門的な知識を生かした仕事をしつつ、彼、あるいは彼女たちが相互に連携し力をあわせて個別の事例の解決に向けて仕事をするのが理想である。いわゆる多職種連携と呼ばれる

[☞1] http://www.sangiin.go.jp/japanese/annai/chousa/rippou_chousa/backnumber/2011pdf/20110201077.pdf　2011 年 10 月 20 日

仕事の仕方である。しかし、この連携は容易ではない。

　たとえば、序論で取り上げた公園のベンチに毎日、昼も夜も座っているおばあさんを通行人の誰かが心配して、地域の民生委員に相談したとする。民生委員が近隣の人々に聞き取り等の調査をしたところ、そのおばあさんは「ゴミ屋敷」と呼ばれるごみが放置された廃屋のような貸家に一人暮らしで、近隣から悪臭に対する苦情が市役所に持ち込まれていること、脳こうそくなどの持病があり、生活保護を受けているにもかかわらず、家賃を滞納し、時々、介護保険のデイサービスの送迎を受けているらしいことなどがわかったとする。民生委員がいかに優秀でこの事例の解決に情熱をもっていたとしても、この問題の解決はひとりではできない。この事例を解決に導くには以下の人々の実働が必要である。

① 生活保護などを担当する市役所の福祉課、その管轄の生活保護ケースワーカー
② ごみ等の対応にあたる環境保全課、その管轄の地域クリーン推進ボランティア等
③ デイサービスの提供等介護保険関係を担当する高齢者福祉課
④ 地域医療と総合相談を担当する地域医療推進課とその管轄の保健師、主任介護支援専門員、社会福祉士

　このおばあさんの状況によっては、なんらかの犯罪が関係している可能性の検討も必要になるかもしれない。そうなれば警察との関係も出てくるだろう。家族がさらに困難な問題を抱えている可能性もある。管轄の課と専門職の区分けは地方自治体によって違うが、高齢者をめぐる「困難事例」が縦割りの行政区分の中でうやむやになってしまうこともあるだろう。このような問題は、職種の違う人々を集めて実施する連絡協議会などのスポット的なコミュニケーション活動では解決しない。職種も組織も違う人々が定期的に概論

的な情報交換をすることと、個別ケースを解決に導くために一緒に働くこととは根本的に違うのであり、事例の解決、あるいは、もっと広く困った事例を予防するための措置を実行するためには、多職種の人々の日常的な接触が必要である。かといって、たとえば市役所の一つの課に上記のように多岐にわたる管轄を担当させるのも非現実的である。それぞれの管轄の日常業務は膨大でそれぞれに専門的な仕事があり、行政職員のみならず、専門職や団体、ボランティアとの連携がそれぞれの仕事で必要であり、大きな組織を作ってもその中で業務の管轄が分かれてしまうのは必然的なことだからである。多職種連携は専門家間の連携をどうやって日常業務に落とし込んでいくのかが問題なのである。

　とは言え、上記のおばあさんのような高齢者は、今後どんどん増えていく。本人の福祉のみならず地域の安全のためにも、医療、保健、福祉、介護の課題を統合的に扱う「ワンストップオフィス」が必要である。厚生労働省は、このように考えて「地域包括支援センター」という構想を立て、介護保険法第115条の39でこのセンターは、「地域住民の心身の健康の保持および生活の安定のために必要な援助を行うことにより、その保健医療の向上および福祉の増進を包括的に支援すること」を目的とし、市町村がこれを設置することができると定めている。地域包括支援センターには保健師等、主任介護支援専門員、社会福祉士を置き、先ほどの高齢者の事例のような問題の相談窓口となるとともに、介護予防プログラムの実施や、介護保険制度に基づいて個別事例のケアプランを策定するケアマネジャーの支援も行うことになっている。しかし、このように多岐にわたる業務を専門職3人で実行できるはずもなく、事例によっては病院や訪問看護の団体、行政との連携も必要になり、連携がうまくいかなければ、サービスが重複しかつ効果が上がらないということにもなりかねない。これらのことを考慮して、掛川市は「地域健康医療支援センター」という実働組織を立ち上げた。

地域健康医療支援センターという考え方

　掛川市は、地域における医療、保健、福祉、介護の課題を統合的に扱うとともに地域づくりと在宅医療の拠点ともなる「地域健康医療支援センター」という組織の第一号センターを 2010 年に開設した後、2014 年までに全市内 5 か所に開設し、「地域包括ケアシステム」のネットワークを完成させる予定である。これによって市内のどこで活躍する民生委員も、高齢者の見守り活動などを行うボランティアも、自分の夫の問題行動に悩む妻も、市立病院を退院した後の在宅療養で悩む慢性疾患をもった人も、その地区を管轄するセンターに相談し、多職種連携による専門家の手を借りて問題の解決をはかることができるようになる。このセンターは市役所、地域包括支援センター、社会福祉協議会、訪問看護ステーションの 4 事業で構成され、支援を行ううえで関係の深い市立総合病院、介護支援専門員連絡協議会（ケアマネ連絡協議会）も場合によっては協働して個別事例にあたることになっており、この地域包括ケアシステムのありかたは厚生労働省からも「掛川方式」として注目されている。

　しかし地域健康医療支援センターという考え方が打ち出された 2010 年当初は市内 5 か所に前述の地域包括支援センターがすでにあり、年齢や身体状況による垣根のない医療、保健、福祉、介護をバランスよく融合した総合支援を担う新センターが必要であるという市役所の主張は、行政によるトップダウンの組織改編であり、「センターありき」の計画であるとして、関係者はこのセンターの実効性に懐疑的であった。前述の「ワンストップオフィス」という言葉についても、それぞれの業種において専門職は、自分たちで走り回ることによって業種間の連携を保ち、苦労して仕事の成果を上げつつあり、同じ建物に入居さえすればワンストップサービスが実現できるかのような市役所の説明は批判された。つまり、この時点では、これまでに同じ組織内では活動してきたことがない多職種の人々と

行政はコミュニケーションが取れていない状況であった。

　そのような状況下で、第3章で述べた太陽光発電についての活動をしていた東工大チームに対し助言が求められ、私たちはこの問題についてのコミュニケーションデザインを開始した。

⁝ 相互行為としてのコミュニケーションの意味

　地域健康医療支援センターは、掛川市と袋井市がそれぞれの市営の病院を廃止して合同で病院を創設することにあわせて構想されている。したがって市役所の、このセンターが必要であるとする説明は、静岡県全体が直面する医師不足の深刻さと、増え続ける医療費を単独の自治体でまかないきれないという厳しい財政状態と、それらに対応するために在宅医療・介護の普及促進体制の構築を急いでいるという文脈の中で理解しなければならない。むろん、センターに入居する団体は専門職であるからこのような事情は承知している。第1章で文脈のないところに意味は生じないという話をしたが、この場合は、文脈は共有されているので、市役所の説明の意味は理解されている。これはいわば記号としての言葉の意味の理解である。しかし「話がわかる」ということの中には、相互行為としてのコミュニケーションの意味を共有しているということも含まれる。ともに働くためには、言葉の意味の共同構築だけでは不十分なのである。

　相互行為、つまり、「お互いに影響を与え合う行為」としてのコミュニケーションの意味は、いま、していることが、相手と自分にどのような影響を与えるのかについての見通しの中で生まれる。だから、相互行為の相手が互いにどう見ているのかがよくわからない間柄では相互行為としての意味は形成のしようがない。このような状態で話し合いをしても事態を悪化させるばかりである。当事者に言いたいことを言わせて不満を吐き出させることを「ガス抜き」と

いうが、うまくいってガス抜き、悪くすると当事者のあいだに取り返しのつかない亀裂を生じさせる可能性がある。かといって話し合いをしないでおくのもよくない。「疑心暗鬼」、つまり「疑いの心がおきるとありもしない鬼の姿が見えるように何でもないことまで恐ろしくなる」という状態は、相互行為としてのコミュニケーションの意味を見失った当事者の心の状態を指す言葉である。

　多職種連携は、専門職同士のコミュニケーションによる相乗効果によって、単独ではできない問題解決を目指すものであり、相互行為としてのコミュニケーションの意味を共有できない組織になってしまうのであればセンターを作る意味がない。センターの開業を前にして掛川市役所の担当者は困惑していた。センターに入居予定の事業体はどこも地域健康医療支援センターの目的が地域包括ケアシステムによる在宅医療と在宅介護体制の構築であることをわかっており、彼ら自身も将来このような地域包括ケアシステムが必要であることをわかっているし、現状では自分たち同士が連携不足でそれがうまくいかないということもわかっているのに、なぜ協力が得られないのかと嘆いていた。図1（次ページ）に示すような構想図に基づいて説明しても「何のためにセンターを？」と言われてしまう現状をどうにかしたいと私たちに言った。私たちは、関係する6事業すべてにヒアリングを行い、関係者が大なり小なり「疑心暗鬼」の状態、つまり、相互行為としてのコミュニケーションの意味を見失っている状態にあるという見立てをした。そういう状態で、「連携」のためのセンターを建設してもばらばらな中身が入る箱が用意されただけである。

掛川市の目指す地域健康医療支援の概念

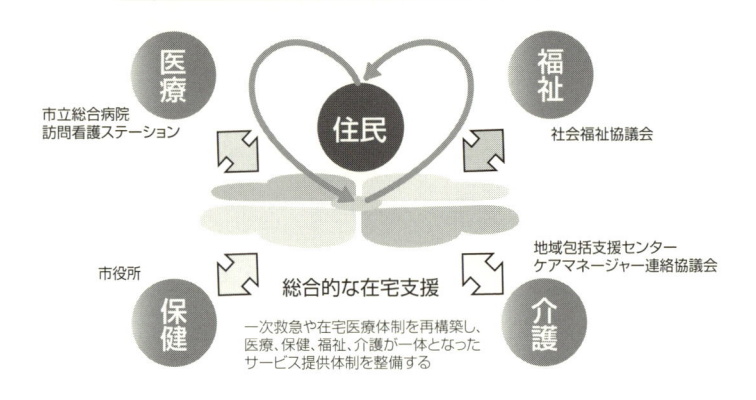

医療
市立総合病院
訪問看護ステーション

福祉
社会福祉協議会

住民

保健
市役所

介護
地域包括支援センター
ケアマネージャー連絡協議会

総合的な在宅支援
一次救急や在宅医療体制を再構築し、医療、保健、福祉、介護が一体となったサービス提供体制を整備する

図1 「地域健康医療支援センター」の説明図（掛川市HPより）

> **タスク4**
>
> 自分が所属する組織で疑心暗鬼な状態になった経験について話し合ってみよう。何がきっかけで何に対して疑心暗鬼な状態になり、その後どうなったか。疑心暗鬼の反対語は何かについても話し合ってみよう。

疑心暗鬼を解消するコミュニケーションデザイン

　疑心暗鬼を解消するためにすべきことは、疑いの心を消すことである。そのために「行政を信じてほしい」とか「地域包括ケアの理念を思い出してほしい」などと言うことには何の意味もない（市役所の担当者はこんなことは言わなかったが）。文字通り、「何のために？」と言われてしまう。前述のように、言葉としての「地域健康医療支援センターの目的」は理解している専門職同士の疑心暗鬼を

解消するためにするべきなのは、センターの理念や目的を説明することではない。自分が相手をどう見ていて、相手から自分がどう見られているかを知り、さらに、「地域包括ケア」という理念とセンターとの関係性を当事者が自ら見つけ出し、それらの関係性を相互に認め合うことである。このように考えて、「地域健康医療支援センター」創設期において考えるべきGPIOサイクルを以下のように設定した。

目的 (G)	疑心暗鬼を解消する
計画 (P)	6事業が何のために何をしているかを互いに理解する
実践 (I)	6事業の課題とセンターに対する期待・懸念についての意見交換会を行う
考察 (O)	センターと自分の仕事との関係を見出せたか

このGPIOサイクルは、「地域健康医療支援センター」が組織として「相互作用としてのコミュニケーションの意味」を見出すためのデザインとして作成した。何度も述べているようにコミュニケーションデザインは実践終了後の考察に基づいてしかるべき段階に戻り、もう一度サイクルを回していくというスパイラルアップを基本としている。したがって、本章の例のように新しく創設する組織についてコミュニケーションデザインをし、なんらかの実践を行う場合には、実践終了後の当事者の行動の参考となるような記録が必要であり、その後の経過をフォローする必要もある。私たちはこのように考え、意見交換会の場で報告書を作成してHPで公開することと、一定の期間を置いた後に、もう一度6事業に集まってもらって、同様の意見交換会をしたい旨を話した。この報告書は、掛川市の

ホームページに掲載されているので参照されたい[☞2]。
　ここでの実践である「意見交換会」は、前に述べたことから明らかなように、説明者が長い説明をした後、参加者が自分の言いたいことを述べて終わる「カラオケ大会」方式は取らずに、二つのグループワークを中心としたワークショップ方式を取った。以下に、この意見交換会の実践報告を組織の目的を設定するためのコミュニケーションデザインのケーススタディとして紹介する。

❖ ケーススタディ　掛川市地域健康医療支援センター意見交換会

　意見交換会のレイアウトは、6事業からの参加者がほぼ均等に着席する5グループを配し、正面にホワイトボードを置いてその前に司会役が立つという形をとった。会場のレイアウトは図2を見ていただきたい。

図2　意見交換会のレイアウト

[☞2]　掛川市健康医療支援センター意見交換会（2010.4.27）報告 http://www.city.kakegawa.shizuoka.jp/data/open/cnt/3/852/1/fukushiakaisetu_05.pdf

ワークショップの進行は、表1（次ページ）のように行った。司会は筆者が務め、各グループが座るテーブルにテーブルファシリテーターという、当日の進行にそった話し合いができるようにグループワークを補佐する役をつけた。6事業からは、ケアマネ連絡協議会3名、市役所健康福祉部地域医療推進課8名、社会福祉協議会3名、市立総合病院地域連携室2名、地域包括支援センター10名、訪問看護ステーション3名が参加した。各団体からの人数にばらつきがあることは後に述べるグループワークの結果集計にも影響を与えている。

　冒頭のあいさつに続く経緯説明では、なぜ私たちグループがこの件に関わっているのかという説明と、このワークショップの目的が6事業相互と地域健康医療支援センターに対する疑心暗鬼を解消することにあり、センターをどうするかについての合意を形成するというよりは、センターをめぐる状況についての現状の見取り図を作り、何をすることが地域包括ケアという目的を達成することになるのかについての意見を出し合うことにあるということを話した。市役所職員によるセンターの概要説明では、掛川市の医療と介護をめぐる状況についてと新センターの役割が話された。このワークショップ全体を通じて、「説明」に費やした総時間は15分のみである。それはこの意見交換会の目的が相互作用としてのコミュニケーションの意味を6事業間で構築することにあり、6事業から来ているグループメンバーが相互にコミュニケーションを取ることを重視していることを時間配分のうえでも明確にする必要があると考えたからである。

表1　掛川市地域健康医療支援センター意見交換会（2010/4/27 実施）進行表

時刻	内容
13:30	開会挨拶：水野雅文（掛川市役所 健康福祉部　部長）
13:35-13:40	経緯説明
13:40-13:50	アイスブレイク「自己紹介」「掛川の好きなところ」
13:50-14:20	グループワーク1「6事業の課題」 青色の付箋紙に自分の所属する事業についての自己コメントを記入 赤色の付箋紙に自分以外の事業についてコメントを記入 各事業別に画用紙に付箋紙を貼る
14:20-14:30	地域健康医療支援センターの概要説明： 　榛葉馨（掛川市役所健康福祉部）
14:35-15:05	グループワーク2「新センターに関する疑問と課題、期待」 緑の付箋紙に記入。ホワイトボードの模造紙に貼り、進行役が分類
15:05-15:25	意見の共有・議論・質疑応答（お茶の時間）
15:25-15:30	閉会挨拶・連絡事項・アンケートの記入

＊役職はいずれも当時。

グループワークの方法

　この意見交換会の主要部はグループワークである。以下にその部分の手順について述べる。グループワークはアイスブレイク、グループワーク1、グループワーク2から構成されている。

▼アイスブレイクと配席
　アイスブレイクとは、氷を割るという意味であるが、あまり親しくない者同士でなんらかの相互作用を行うときには必ず踏むべきステップである。今回のように、人口12万人都市の専門職同士という互いにまんざら知らないわけではないが、人となりまではわからないという参加者は話し合いに対する構えが固い。まして、今回のような全員の関心事でありながら、懸念がそれぞれに違うトピックについての話し合いにおいては、自己紹介によって名前と所属を確認するとともに気軽に話せる話題についてグループ作業をすること

が大切である。今回のメインのグループワークでは付箋紙を使うので、アイスブレイクでは付箋紙に「掛川の好きなところ」を書き出し、互いに披露するという作業をした。これには次に述べる付箋紙法によるグループワークの方法を確認するという意味もある。

　アイスブレイクと並んで本題に入る前に大切な作業は配席である。初対面であれば、ランダムに席を割り当てるのがよいが、前述のような間柄においては、互いの人間関係について情報が多い者が配席を担当するべきである。今回のケースでは、地域医療推進課の職員が事前に互いの人間関係についての聞き取り等の下準備をして参加者を配席した。

▼付箋紙法による話し合い

　付箋紙法による話し合いは、私たちのコミュニケーションデザインの実践段階における重要な方法である。この方法の特徴は、個々人の意見形成段階とその表明の段階が分かれているということである。その手続きは以下のように記述できる。

① 付箋紙に自分の考えを書き出す（個人作業）
② 模造紙やホワイトボードなどに付箋紙を貼りだす（個人作業）
③ 司会役が出された意見を分類しながら話し合いをする（グループ作業）

　この方法と参加者の意見を順番に聞いていって話し合いを進める方法とを比較したときの、付箋紙法のよさは以下の3点である。

① 参加者の意見だしの機会の平等が保たれる
② 特定の個人による話し合いの場の占有が防げられる
③ 参加者の考えの可視化と共有がはかれる

発言機会の平等と特定の個人による話し合いの場の占有を避けることは、民主的な話し合いの基本であり、考えの可視化と共有は意味のある共同作業の基本である。付箋紙は、話し合いが民主的で意味のある共同作業になるための利点をもっていると考えられるが、これら三つのメリットを享受するためには、付箋紙が参加者から十分に視認できることが必要である。そのため書き方として以下のルールを設けた。

① 付箋紙1枚に一つの考えを書く
② 短く簡潔に書く
③ 他の人からも見える字の大きさで書く

　今回のグループワークにおいても付箋紙法を使った話し合いをするので、このルールについてアイスブレイクを使ってテーブルファシリテーターが説明をし、徹底をはかった。

グループワーク1：6事業の課題

　グループワーク1は、前項で述べた「自分が相手をどう見ていて、相手から自分がどう見られているか」を付箋紙法により参加者間で可視化することを目的としている。やり方としては以下のような手順を取った。

① グループごとに6事業の名前を書いた画用紙を用意しておく
② 青色の付箋紙に自分の所属する組織の課題を記入、赤色の付箋紙に自分が所属する組織以外の課題を記入
③ 各団体の名前が入った画用紙にそれぞれ貼っていく

④ テーブルファシリテーターが画用紙を並べてメンバー※3に見せて確認する
⑤ 正面のホワイトボードに団体別に並べて貼る

図3 地域包括支援センターの課題の付箋紙を集めたところ

　図3に示したのが⑤までの段階を経て正面のホワイトボードに並べられた事業の課題を書いた付箋紙の全グループ分である。図3は地域包括支援センターについて5グループ分が貼りだされたところである。
　図3に示したような形で、5グループ分の6事業の課題が貼りだされたところで、司会が全体傾向と6事業それぞれの課題について付箋紙の「コメント」を確認した。付箋紙に書かれた内容を「コメント」と呼び、自分が所属する組織の課題について書いた青色の付箋紙の内容を「自己コメント」、自分が所属する以外の組織の課題について書いた赤色の付箋紙のものを「他者コメント」と呼んだ。
　まず、付箋紙の赤と青のバランスで自己コメントが多いか他者コメントが多いかを述べそれぞれのコメントを紹介した。①「どこからどこへ」のコメントが多いのか、②あげられた課題がどの組織と共通しているかを把握するように心がけた。①については、どちらかの組織が一方的にコメントされている状態であれば、その組織に

※3　同じテーブルに座った参加者を以下、メンバーと呼ぶ。

対する不満がある可能性があり、どこからもまったくコメントされない組織があれば、その組織の存在感が希薄である可能性がある。どちらも相互作用としてのコミュニケーションとしては問題であるのでそのことを示唆した。②については、今後、どのような課題をどの組織と連携して解決したらいいと考えられるかについて述べた。この段階では、コメント分布の分析結果は出ていないので、ざっと見たところの印象であることを付言した。

❖ グループワーク２：新センターに関する疑問と課題・期待

　グループワーク２として、何をすることが目的達成をすることになるのかについての意見を出し合う作業を以下の手順で行った。

① 　グループごとに緑色の付箋紙にセンターに対する疑問、課題、期待を書く
② 　テーブルファシリテーターが付箋紙を内容の似ているものが集合するように正面のホワイトボードに貼っていく
③ 　司会役が全体を見ながら付箋紙内容をグループ化し、見出しをつける

　時間が限られているので、付箋紙内容のグループ化と見出しをつけていく作業は直感的に行わざるをえない。このグループワークの後に行われる「意見の共有と議論」の際に、意見分布の俯瞰とそれぞれの付箋紙集合の解釈ができるような見出しをつけるように心がけた。
　グループワークの後に20分時間を取って、グループワーク２の付箋紙を見ながら参加者全体で意見交換をした。どのような関心と懸念が表明されているのかについて付箋紙を紹介し、センターの立案を行った市役所が答えられる質問にはその場で答えてもらう形で

議論をした。その結果、「センターという形が先に作られ、中身が後についていくのか疑問である」という指摘や、介護保険についてはすでに地域包括支援センター職員やケアマネが走り回ってワンストップサービスを行っているのにセンターが必要なのかという疑問も呈された。これらについては、市の職員が「ばらばらによい活動をしていた団体を統合して掛川独自のスタイルを目指したい」や、「ワンストップは役所の業務中心の言い回しだった」等の回答がその場であった。このように疑問については保留せず、その場で担当者が、自分の責任において答えることが相互作用の観点から重要である。「質問」-「応答」のような発話連鎖[4]の役割が決まっているものを隣接応答ペアというが、隣接応答ペアが形成できるということが相互作用としてのコミュニケーションの基本だからである。

グループワークの分析結果

これまで述べてきたような方法で意見交換会が行われ、終了時間が過ぎても多くの人々が付箋紙の前に集まって、組織の課題についての自己コメントと他者コメントを撮影したり、三々五々話し合ったりしていた。市の担当者を捕まえて話しこんでいる専門職もいた。このようなワークショップにおいては、相互作用を互いにもつということが一番の目的であり、それはのちに述べるように220もの付箋紙が書かれて活発に意見が出たこと、事後に話し合いをもっていたことからもある程度達成できたといえるだろう。しかし、ワーク

---

[4] 発話連鎖とは発話の連なりを言う。一人の発話の連なりを言うこともあれば、複数の人が発話順番を交替して話す時の順番の移動を超えた連なりを言うこともある。隣接応答ペアはこの後者の場合で、しかも、先行話者の言うことに従って後続話者が言うべきことが社会的な規範として決まっていることを言う。むろん、ここで「決まっている」というのは、質問に対しては応答をするべきことが決まっているということであって、質問に対して、質問をするとか、無視するとかするのは非礼であるということである。

ショップを組織としての相互行為の構築に役立てるためには、意見分布をある程度客観的な方法で俯瞰し、それを参加者が共有し、次にするべきことを参加者が考える必要がある。そのように考えて、前にも述べたように私たちはこの意見交換会の分析結果を掛川市のHPで公開している。グループワーク1を中心にその概要を以下に述べて、この意見交換会を通じて明らかになった組織の課題と課題解決の展望について読者とも共有したい。

「6 事業の課題」の集計結果

　グループワーク1で行った付箋紙法で事業ごとの課題について表2に整理した。自己コメントと他者コメントはあわせて220の付箋紙に書き込まれた。この220の書き込みをその内容から32の課題に分類した。この分類は、似たようなコメントを集め、そのコメントをグループにして見出しをつけるような要領で行い、人手で行った。どのような分類であるかは、課題名と例の記述から判断していただきたい。コメントの分類、後で述べる対応分析は筆者達とともにこのケーススタディを担当した東北学院大学准教授の鈴木努氏が行った。

　たとえば、「縦割り」という課題を指摘したコメントは27あった。「縦割り」と明確に書いている付箋紙もあるが、同一組織の中での部署間で「話が通じていない」のようなコメントもここに分類した。例の欄には、代表的なコメントを記し、そのコメントをした組織を括弧内の左側に記し、コメントの宛先の組織名を右側に記した。「ケアマネ→病院」のような表記である。自己コメントは「市役所→市役所」のように表記した。

表2 課題の分類

No.	課題	件数	例
1	縦割り	27	・縦割りであり他部署のことはよくわからない（市役所→市役所） ・病棟と地域連携と話が通じていない（ケアマネ→病院）
2	時間	18	・退勤時間に帰れない（包括→包括） ・多忙すぎて事務所にいない（ケアマネ→包括）
3	組織間連携	17	・関連部署と連携がうまくとれない事がある（包括→市役所） ・連携方法が不透明なことがある（訪看→病院）
4	PR不足	16	・訪問看護のPR不足（訪看→訪看） ・仕事が見えない（包括→社協）
5	人員不足	14	・職員が少ない（市役所→市役所）
6	複雑	12	・手続きがまわりくどい、書類が多い（訪看→市役所）
7	地域連携	10	・住民の情報をこまめに知ってほしい（訪看→市役所）
8	不統一	9	・連携のしかたが人によって違う（ケアマネ→包括）
9	予算	8	・予算が少ない（市役所→市役所）
10	人材育成	7	・団体内での指導や教育養成という意識が少ない（包括→ケアマネ）
11	能力	7	・NSの説明能力の向上（市役所→病院）
12	やる気	6	・モチベーションが低い（市役所→市役所）
13	業務の要望	6	・要支援も担当してほしい（包括→訪看）
14	在宅	6	・在宅診療に目を向けてほしい（包括→病院）
15	情報共有	6	・情報の共有化不足（ケアマネ→ケアマネ）
16	対話	6	・初歩的なことがききにくい（包括→ケアマネ）
17	責任問題	6	・責任追及がこわい為、保守的になりがち（市役所→市役所）
18	押しつけ	5	・仕事の押しつけあいがある（市役所→市役所）
19	異動	4	・異動が多すぎる（包括→市役所）
20	医師不足	4	・医師・看護師不足（病院→病院）
21	専門性	4	・専門職が少ない（ケアマネ→市役所）
22	地域差	4	・地域福祉活動に温度差がある（社協→社協）
23	かかえこみ	3	・個人が業務をかかえ込む（ケアマネ→ケアマネ）
24	視野狭い	3	・箱の中でかまえている。外に出て視野広げる（包括→病院）
25	説明不足	3	・転院の時に患者への説明が不十分と思われる事がある（包括→病院）
26	組織運営	3	・組織体制が不安（社協→社協）
27	関わり方	1	・どこまで関わるべきか（包括→包括）
28	継続性	1	・継続的な活動ができていない（ケアマネ→ケアマネ）
29	制度不備	1	・自己申請なので必要な人がわからない（社協→市役所）
30	平等性	1	・平等なサービス提供（社協→ケアマネ）
31	問題山積	1	・解決すべき問題が山積み（ケアマネ→ケアマネ）
32	料金	1	・利用料が他のサービスより高いかな？（社協→訪看）

表中の略称：ケアマネ（ケアマネジャー連絡協議会）、市役所（市役所健康福祉部）、社協（社会福祉協議会）、病院（市立病院地域連携室）、包括（地域包括支援センター）、訪看（訪問看護ステーション）。以下の表でも同じ。

表2を見てわかるのは、縦割り、時間、組織間連携、PR不足、人員不足などの課題に分類されるコメントが多かった一方で、料金、平等性、継続性、制度不備、問題山積など、一つのコメントしかあがらない課題もあり、課題意識が多岐にわたっていることである。どのような課題をどの組織間で共有しているのかについて分析する必要がある。

事業ごとの指摘関係

　次に課題の指摘がどの事業からどの事業へとなされたのかを表3に示す。

表3　課題を指摘した件数

		人数	一人当たりコメント数	指摘される側						計
				ケアマネ	市役所	社協	病院	包括	訪看	
指摘する側	ケアマネ	3名	11.0	*16*	4	2	5	4	2	33 (17) 48.5%
	市役所	8名	4.9	3	*21*	3	5	4	5	41 (20) 53.8%
	社協	3名	9.0	1	4	*16*	0	3	1	25 (9) 59.3%
	病院	2名	6.5	2	1	0	*9*	1	0	13 (4) 69.2%
	包括	10名	7.9	11	15	6	8	*37*	2	79 (**42**) 46.8%
	訪看	3名	9.7	1	5	1	7	2	*13*	29 (16) 44.8%
	計	29名		34 (18) 47.1%	50 (**29**) 42.0%	28 (12) 57.1%	34 (25) 26.5%	51 (14) 72.5%	23 (10) 56.5%	220

( ) は自己コメントを除いた数。%は自己コメント割合

　どの事業も、自己コメント（斜体）が最も多くなっている。他者コメントでは地域包括支援センターが最も多く課題を指摘し（42

件)、市役所が最も多くの課題を指摘されていた(29件)。自己コメントが多くなった原因は、自己コメント(1事業分)を付箋紙に書き出す時間(約10分)と他者コメント(5事業分)を付箋紙に書き出す時間が同じだったため、後者では必然的に1事業あたりの書き出し時間が短くなったことも原因の一つと考えられる。均等な意見の収集のためには事業ごとに書き出す時間を設ける必要があるかもしれない。

出席者が多い団体のあいだのコメント関係を見ていくと、包括は市役所が指摘するよりも11も多くの課題の指摘を市役所にしている。このことは、包括が市役所に対し、市役所が包括に対するよりもかなり多くの課題を見出していることを示している。また、市役所と訪看、包括と訪看は相互に指摘しあっている。参加者の数が少ないので同列には論じられないが、社協と病院のあいだは互いに指摘がない。

相互作用という観点からは、相互に同じ程度の指摘をしていることは関係性の非対称性が小さいことを示唆しているので、指摘の数が不均衡である市役所と包括がどのような課題意識をそれぞれにもっているのか、社協と病院が共有する問題はないのかなど、6団体全体で課題の指摘関係、指摘される関係がどのようになっているのかを把握する必要がある。

課題の指摘関係の対応分析

ここまで各事業が互いにどのような課題を認識し、どのような課題の指摘に関して、どのような関係にあるのかを見てきたが、それらの課題が全体としてどのように結びついているかを対応分析という方法で図示したのが図4である。

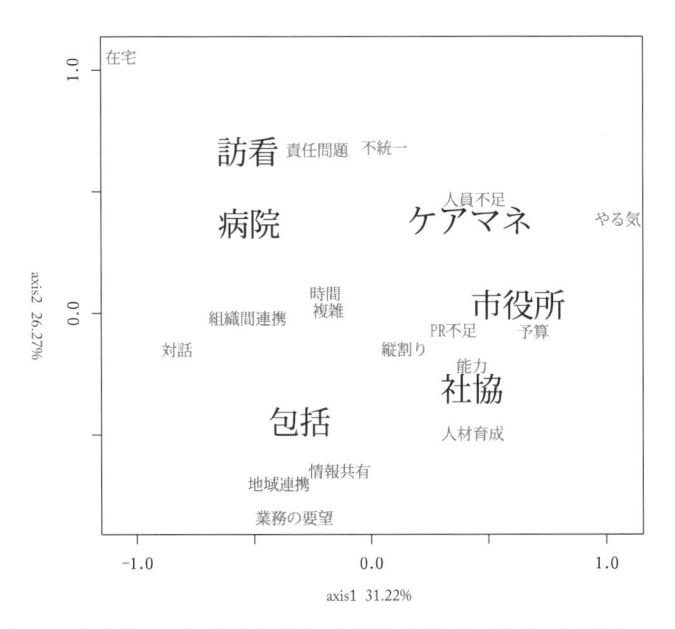

図4 各事業と、各事業が指摘した課題の関係性（上位17課題）

　対応分析はクロス集計表のようなカウントデータの構造を縮約して示す統計手法である。今回の分析においては、まず、表4のように行項目として6事業、列項目として表2の32の課題の分類項目を取り、それぞれのセルに該当する付箋件数を入れていく。次に、行項目と列項目の相関係数が最大になるように行項目と列項目にスコアを与えて行と列の項目の全体を並べ替え、相関係数が最大となったときの各項目のスコアを二次元平面上にプロットして散布図の形で項目間の関係を示す。散布図では行項目と列項目のあいだで関連が強いものどうし、また行項目と列項目のそれぞれで似たパターンを示すものどうしが近くになるように配置される。図の縦軸と横軸（1軸と2軸）は相関を最大化するように数理的に求めているため、軸の＋と－の符号それ自体には意味はない。また軸の解釈にもあらかじめ決められた意味はなく、その解釈は分析者に委ねら

れる。軸に付されたパーセンテージはこの軸の寄与率を表しており、この軸によって全体の相関がどのくらい説明できるかを表している。

表4 対応分析のためのクロス集計表の一部

	縦割り	PR不足	…
市役所	5	1	…
社協	1	5	…
病院	0	1	…
…	…	…	…

図4では、課題はそれを指摘した事業の周りに配置されている。そのため、ある事業が指摘した課題どうしは近くに配置され、また、同じような課題を指摘した事業どうしは近くに配置されるようになっている。図の中央、原点近くの課題は、全事業に共通した課題であり、図の四隅に近い課題は、全事業とは共有していない課題である。したがって、図4は6事業の課題（問題意識）とそれを抱える事業のまとまりを描いた図であると考えることができる。

課題は、あげられた数の多かった上位17課題を用いた（表1参照）。図4から、問題意識は図でいうと左右に大きく2分されることがわかる。左側の「訪看」「病院」「包括」といった事業は「在宅」というテーマに問題意識をもっていることで共通しているのに対し、右側の「ケアマネ」「市役所」「社協」は、「やる気」「人員不足」「予算」「PR不足」「能力」「人材育成」「縦割り」など、連携を進めるために足りない資源や、連携がうまくいかない原因に問題意識をもっている。

連携における課題は、ほかにも図の上のほうにある「責任問題」「不統一」といった対応の問題が指摘されている。これは「訪看」「ケアマネ」「病院」といった医療の現場に近い事業で意識されている。それに対し、図の下のほうの「情報共有」「地域連携」といっ

た課題は「包括」「社協」といったコーディネートする側で意識される傾向がある。これらの事業では事業内や地域での情報の共有を進めるニーズがあるだろう。

❖ 課題解決への展望とさらなるコミュニケーションデザイン

　付箋紙という糊がついていて貼りつけ可能な小さな紙を用意し、参加者が独立にそれに記入した後でそれらを模造紙のようなものに貼りつけ、貼られた付箋紙になんらかのグループを作って見出しをつけ、その見出しと全体の分布、個別の付箋紙を見ながら問題の全体像を発見し、解決の糸口を見出していくという方法はKJ法といわれ、企業研修などで多く用いられている。KJ法には順守すべき標準的な手続きがあり、本章で紹介した方法はそれから逸脱する部分があるので、「付箋紙法」という言い方をしている。この方法には、前項で述べたような利点があり、コミュニケーションデザインの実践における話し合いの方式として有効なものである。しかし、「疑心暗鬼を解消する」ためには、これから作られる地域健康医療センターとその入居予定の事業者が相互理解を深めながらどんな課題をどのように共有して、何をしていくかについて課題状況を可視化することが必要である。そのためには、ここに示したようなコメント内容についての数量的な分析が必要であろう。

　KJ法や付箋紙法による話し合いは、参加者が話し合いに参加しやすいので達成感を得やすい。問題発見も参加者の主観としてはできるだろう。しかし、新しい組織を作るようなコミュニケーションデザインの第一歩の話し合いの実践としては、話し合いだけではないアフターケアも必要である。そのように考えて私たちはここで述べた分析を公開し、当事者だけでなく、地域包括ケアを受ける主体となる市民もアクセスできるようにした。さらに、この意見交換会から2年後に6事業の担当者を集めて同様の方式で意見交換会を開催

している。そのときのコメントはここで紹介したものとはかなり異なっており、地域健康医療支援センターが関係者の努力により、相互に信頼しあえる組織となっていることがわかるデータを得ている。詳細は第9章を参照されたい。

　この章で紹介したコミュニケーションデザインは、新設のセンターの目的を当事者が構築するために行う「目的のデザイン」のためのものである。組織の目的を構築するためには、見取り図が必要であり、それが図4で紹介した対応分析の結果の図である。このような分析は大学などの外部組織が行うほうが望ましく、行政が必要とするコミュニケーションデザインをある程度客観的に行うための大学の支援は今後ますます求められるようになるだろう。

> **課題4**
> 複数の組織の構成員が互いをどう見ているかを「○○組織から○○組織へ」という形で表明し、内容を分類して組織間の課題の布置を見るという今回紹介した付箋紙法による意見交換会と対応分析による付箋紙の分析という方法が、人々の疑心暗鬼を解消するだろうと期待できるのはどういう場合か、また、反対に期待できないと考えられるのはどういう場合か話し合って意見をまとめてみよう。

第5章

計画のデザイン
裁判員裁判における理想の評議

「大役を終えた満足感の一方、時間がたつにつれて刑を言い渡したことへの重みや責任を感じている」(毎日新聞2009年8月9日朝刊)。これは、全国初の裁判員裁判(東京地裁で8月3日〜6日)に補充裁判員として参加した男性[1]が判決から2日たって記者会見に応じたときの言葉である。同日の朝日新聞にも「刑にリアリティ感じた。判決後も頭から離れない」との見出しがこの男性の記者会見を報じる記事につけられている。

日本の社会は、2009年から一般市民が刑事事件の裁判に参加する参審制度の一つである裁判員制度を開始した。これは殺人などの重大な刑事事件について選挙人名簿から無作為抽出された市民6人と裁判官3人が有罪無罪を決める事実認定と、有罪の場合に被告人を何年の刑に処するかを決める量刑を決定し、判決を言い渡すという制度である。無作為抽出に基づき選任された市民が、裁判官とともに一度限りの裁判体を作って事実認定のみならず量刑までを「評議」という話し合いで決定する世界的にも先進的な制度であるが、

---

[1] この男性は補充裁判員として選任され、公判途中から体調不良により解任された裁判員と交代して裁判員として裁判に参加した。裁判員制度では、裁判員は6人選任される。この裁判員たちは、審理と評議において裁判官と同様の重みで発言し、判断を下していくが、それ以外に2人程度の補充裁判員が選任される。補充裁判員は裁判員が病気や事故などで、その職務をまっとうできなくなった時に代わりを務める。裁判員と同じように審理と評議に参加するが審理で証人に尋問する事、評議で評決に加わる事はできない。

それだけに市民への負担も大きい。冒頭に紹介した全国初の裁判員裁判の経験者である彼でなくても、一般の市民が裁判員として裁判に参加すれば、文字通り「大役を終えて」日常の生活に戻ったときに、改めて自分が決定に加わった判決の重さを感じるだろう。そして、人によっては裁判から日が経ってもこの「重みや責任」の感覚から逃れがたい思いをするかもしれない。なぜなら、裁判に参加する経験はたいていの人にとって生涯に一度限りの経験であり、反復による慣れも熟達もない☞2。守秘義務があるので経験を語ることによって自分の判断の正統性を確認することもできない。しかも、裁判員として被告人に判決を下すことは非日常的なかなり負担の大きい仕事であるので、日々の雑事に紛れて忘れてしまえるようなことでもない。

　裁判員制度はこのように市民に負担のかかる制度だが、市民社会には、専門家まかせにできない重要な価値がある。何人も恣意的に公権力によって自由を奪われないという個人の自由の確保はその最たるものである。法の支配はこの個人の自由を守るためにあるということは、高校生のときに法の支配の意味として習うことであるが、法の支配をつかさどる司法への市民の参加の道が裁判員制度導入の前にはなかった。司法権への参加はこの市民社会の根本的な価値を守るために重要なことである。2004年に裁判員制度導入が報道されはじめたころから、筆者はそのように考え、この制度の導入には意味があると思っていた。と同時に裁判員裁判は判決の内容（事実認定と量刑）を決めるための裁判体の話し合いである「評議」の設計なしにうまくいくわけがないとも思っていた。市民と裁判官では、司法に対する知識と経験がまったく異なり、何のデザインも工夫もなしに市民を迎えても、裁判官の言うことを追認する形だけの参加になってしまうと思ったからである。同じ思いの応用言語学、心理

☞2　無作為抽出であるので、運が良ければ（あるいは悪ければ）複数回選任されることもある。

学、法学、工学の研究者、裁判官経験者とともに「裁判員裁判とコミュニケーション研究会（評議研）」（研究代表者：三島聡）という研究会を作り、裁判員が裁判に十全に参加できるような評議のデザインを目指した。研究会のメンバー全員で2009年の裁判員裁判開始までに多くの論文を専門雑誌に発表し、裁判官に向けた評議デザインのワークショップなども開催し、現職の裁判官の論文にも研究会の成果が取り上げられるなど、実際の裁判における評議のありかたに一定の影響を与えることができたと思う。私たちの研究はまだ発展途上であり、今後もこの研究会において方法論の検証などを行っていくのであるが、本章では、この評議デザインをGPIOサイクルの計画のデザインという観点で論じていきたい[注3]。

評議における計画のデザインとは

　計画のデザインとは、「誰にどうなってほしいか、誰と一緒にどうなりたいか」を決めることである。その計画を実現するために具体的に何をどうするかということは実践のデザインであるが、裁判員制度の評議のように知識も背景も立場も違う初対面の9人が集まって被告人の一生を決める重大な事柄について、裁判での審理内容に基づいて合意形成をしていく話し合いにおいては、話し合いをした結果として、誰にどうなってほしいのかという計画についての明確なデザインが必要である。それがなければ、何のために市民が参加する裁判をするのかがわからなくなってしまう。

[注3]　以下の論考は、西條美紀・高木光太郎・守屋克彦　2009「論告分析型評議の提案—裁判員が実質的に関与する評議の実現のために」『法律時報』81(8), 83-93と重複するところがある。法曹の専門雑誌に書いた内容を一般読者にもコミュニケーションデザインの観点から知っていただきたいと考え、大幅に論考を加筆している。評議研の評議デザインについては、大塚裕子・本庄武・三島聡　2009「付箋紙法による論告分析型評議の実践」『法律時報』81(8), 70-81ならびに野原佳代子・森本郁代・三島聡・竹内和弘「論告分析型評議の実現に向けて—具体的手法と評議設計における課題・展望」『法律時報』81(10), 84-95も参照。

私たちは、裁判員裁判の成功の秘訣は評議デザインにあると考え、この評議デザインが目指すものを「理想の評議」という言葉で呼んだ。理想の評議とは「裁判体の構成員の全員が判決の形成に主体的に関与し、なぜその判決に至ったかについて説明でき、そこで出された判決が正統性をもつ評議」である。前段は評議構成員にどうなってほしいのかに関わる部分であり、後段は被告人と国民にどうなってほしいのかに関わる部分である。裁判体構成員（以下評議メンバー）も国民であるので、判決の正統性の議論の中に前段の内容も含まれるのであるが、ここでは、前段と後段に分けて説明したい。

　私たちの考える理想の評議の定義文の前段、「裁判体の構成員の全員が判決の形成に主体的に関与し、なぜその判決に至ったかについて説明できる」の部分は、裁判員が裁判官と一緒に決定した事実認定と量刑について、なぜその結論に至ったかを自問自答したときに答えが出せる状態になるということを表している。裁判員制度が市民に与える負担の本質は、裁判を職業としていない人に判決を下すという重責を負わせることにある。日本の刑事裁判において無罪判決が希少であることを考えると、ほとんどの判決において裁判員は被告人に刑罰を科すことに加担する。それが死刑や無期懲役のような重大な刑罰である場合には、生涯にわたって、「あの判決でよかったのか」について自問自答を繰り返すことにもなりかねない。だとすれば、抜本的な負担軽減策は裁判員が「なぜ私たちはこの判決に至ったのか」、「これでよかったのか」に自分なりの肯定的な答えが出せる状態になることである。つまり評議の後も「あの判決は私たちが下したベストと思う判決である」と思えることだろう。本書ではそれを「内的なコミットメントに堪える」と表現する。

　後段の「そこで出された判決が正統性をもつ」という部分は、被告人と国民にどうなってほしいかに関わることでもある。これは、量刑判断に市民が加わることの意義にも結びついている。これらのことについて論じる前に、判決の正統性とは何かについ

て論じたい。

> **タスク5**
> 計画のデザインは、「誰にどうなってほしいのか」、「誰と一緒にどうなりたいのか」を決めることであるから、「理想」とか「正統性」とか「妥当性」といった社会的な規範と無縁ではいられない。しかし、それはなぜなのか。なぜ自由に自分が好きなようにデザインしてはいけないのか。計画のデザインは目的と実践を結びつけるものである。この点も踏まえながら、なにか例をあげ、社会的な規範に則ったデザインと利己的な考えに則ったデザインとを比較しながら話し合ってみよう。

判決の正統性について

　判決を下すことは公権力の行使であるから、裁判所が下す判決には正統性が必要である。

　「正当性」と書かずに「正統性」と書いたことには意味がある。「せいとうせい」という言葉には、「正当性」の表記と「正統性」の表記がある。漢字が違うということは、意味が違うということである。前者は辞書には「道理や法律にかなっていること。正しいこと」と定義され、後者は「正しい系統や血筋」と定義されている。辞書の定義を見てもわかるように前者については、「道理や法」のように、何によって正しさを評価するのか明確であるのに対し、後者の場合にはそれが明確ではない。「正統な後継者」という言葉があるように、「正統」には「他から承認を得るのにふさわしい」という意味がある。そしてこの承認は必ずしも道理や法律に依拠しているとは限らない。判決は、法と道理に照らして正しく導き出されるだけでなく、上級審と社会から広い意味での承認を得られるものでなくてはならない。このように考えると、判決に必要とされる「正し

さ」は「正当性」の範囲をはみ出しているように思われる。本章では、このように考え、英語のlegitimacy（合法性・妥当性・道理にかなっていること）にあたる言葉として「正統性」の表記を用いる。

　正統性は、「ある組織が自分の行動や意思決定に関して、上部システムや同等に位置するシステムの同意を得る過程である」（Maurer, J.G., 1971）[4] と定義されることがある。これは組織における行動が同一の共同体の中で閉じている場合によくあてはまる定義であろう。裁判員制度導入前の判決の正統性はこの定義の範囲で扱えるものであったと考えられる。しかし、司法への市民参加を実現する裁判員裁判においては、法曹共同体の中だけで通用する正統性概念だけでは不十分である。なぜなら、共同体の外部の市民に裁判官と同等の権限をもった評議メンバーとしての役割を与えたということは、裁判体としての意思決定に外部の目が組み込まれているということだからである。サッチマン（Suchman, M. C., 1995）[5] は、「正統性のダイナミズムにおける社会的観衆の役割を認める」正統性を「規範、価値、信念、定義が社会的に構造化されたシステム内において、ある主体の行為を望ましい、妥当である、あるいは適切であるとする一般化された認識あるいは仮定」と定義している。しかし、どんな判決がこの定義にあてはまる判決なのだろうか。

正統性の三分類と判決

　サッチマンは、正統性を(1)実用的正統性、(2)道徳的正統性、(3)認識的正統性の三つに分類している。正統性のような複合的な概念に照らして、判決がどうあるべきかを考えるには、その概念の構成要

---

[4] Maurer, J. G. 1971 *Reading in Organizational Theory: Open System Approaches.* New York: Random House.
[5] Suchman, M. C. 1995 Managing Legitimacy: Strategic and Institutional Approaches. *Academy of Management Review*, 20(3), 571-610.

素に分けて、それぞれへのあてはまりを考えるのがわかりやすい。順に見ていく。

　第一の実用的正統性は、ある主体の行為がそれに関連する人々の利益の増進につながるかどうかに基づく正統性である。判決が判例となって法曹と市民の知識の蓄積に役立つ、判決の形成に加わることで市民の司法に対する理解が進む、被告人が裁判と判決に納得して刑に服す、あるいは更生するなどが考えられる。

　第二の道徳的正統性は、その行為をすることが正しいかどうかという評価に基づくものである。これは、1）結果の正統性、2）手続きの正統性、3）組織の正統性、4）個人の正統性に分かれる。判決は個人で下すものではないので、3）と4）を統合し、「主体の正統性」というカテゴリーで考える。1）結果の正統性については、事実認定に誤りがなく、量刑も適切であり、上級審に控訴されても一審判決を維持できることや世論の支持があることなどが考えられる。2）手続きの正統性は、判決に至る審理と評議が手続き的に妥当に行われる、その手続きが当事者と国民に周知されているなどが考えられる。3）行為主体の正統性は、判決を形成する評議メンバーに判決を下す能力があり、その能力を発揮するための適切な誘因・報酬体系があるということと考えられる。

　第三の認識的正統性は、社会的に必要性が認識されることに基づく正統性である。このような正統性の基準として、サッチマンは理解可能性と当然性をあげている。これらは判決が一般公衆に理解され、当然とみなすことができる判決であると認識されることと考えられる。

　まとめると、外部の観衆の視点を取り入れた正統性のある判決とは、「判決を下すのに十分な能力のある評議メンバーが一般公衆にとって理解可能で、当然と思える判決を妥当な手続きのもとで形成し、その形成過程と結果（判決）が当事者と一般公衆の両方にとっての利益となる判決」ということになろう。もちろんすべての判決

が一般公衆全体にとって当然とみなせるべきということではない。人の価値観や規範は様々であるからすべての人にとって当然ということはありえない。しかし、裁判員制度の導入の目的は、広報によれば、「一般市民の健全な社会常識を裁判に生かすこと」であるから、全体的な傾向としては、最高裁判所も共同体の中に閉じた正統性ではなく、サッチマンのいう「社会的観衆の役割を認める正統性」を目指していると考えられる。

判決をめぐる三つの主体にとっての正統性のあてはめ

判決を受けるのは被告人である。被告人が犯したとされる犯罪について公開の場で裁判体が審理をし、評議を経て判決を下すのが刑事裁判であるから、被告人も刑事裁判の当事者であり、判決をめぐる主体は、裁判体、被告人、国民であると考えられる。しかし、被告人が判決を理解できず、自分の刑がどうなったのかを弁護人に尋ねることもあると聞く。しかし、前項で考えた判決の正統性の議論を踏まえるならば、判決書は被告人に理解でき、なぜ自分がこの刑に服するのかの理由がわかる文章であるべきだろう。判決とその理由が理解できなければ、納得して刑に服するのか、上級審に控訴するかについて主体的に判断できないし、それができなければ、「再び罪を犯さない」というような決心をすることもできないだろう。そうなれば国民の利益になる判決とはいえない。

表1に正統性の3分類の判決へのあてはめを、判決に関する三つの主体別に整理して示した。これによって、前項で個別に検討した正統性についての議論の全体像を示した。計画のデザインの一部としてあげた「評議メンバーが自分たちの判決を出した後に内的なコミットメントに堪えること、判決の理由を説明できること」もそれぞれ、裁判体にとっての実用的正統性、認識的正統性としてあてはめた。

表1　正統性の3分類と判決主体へのあてはめ

分類 主体	実用的正統性	道徳的正統性			認識的正統性
		結果の 正統性	手続きの 正統性	主体の 正統性	
裁判体	内的なコミット メントに堪える	上級審で 判決を維持	審議・評議の 手順が妥当	判決を 導く能力 がある	判決の理由を説明 できる
被告人	納得する	納得する	手順を理解	審理を 理解	判決を理解できる
国民	再犯予防になる	判例として 蓄積	手順を承知	制度を 理解	判決が妥当と思え る

正統性のある判決を導くために

　表1で示した正統性のある判決を導くためには何が必要なのか。第一に、裁判員が刑事裁判の目的とルールをよく理解することが必要である。これによって、裁判員は自らの権限と役割を「人を裁く」というような無限定な概念としてではなく、目的と範囲のはっきり決まった条件下での限定的な仕事として捉えることができる。私たちの研究会では、図1（次ページ）のようなボードを作成し、刑事裁判のルールを明示するとともに、刑事裁判の目的は事実認定と量刑判断にあることを明言することが大切であり、第一回公判の審理に臨む前に裁判長から説明をし、かつ最終評議にあたっても確認することを提案している。

　第二に、裁判員の判決への関与を実感できるような工夫を評議においてすることである。図2（109ページ）に概要を示す私たちの研究会の「論告分析型評議」の採用がその解決案の一つとなると考えている。最高裁判所は、評議のありかたとして、「弁護人の弁論を踏まえ、検察官の論告を評価・検討し、検察官の主張する事実が合理的な疑いを入れない程度に認められるかどうか」を中心に議論を

すべきものとする、いわゆる「評価型評議」を提唱し、現在では各地の地方裁判所における評議の定石となっている。私たちの研究会が提案する「論告分析型評議」はこの評価型評議の考え方に、実際にどのように裁判員と裁判官が議論を組み立てていったらいいのかという実践のデザインを組み込んだ話し合いの方法の提案である。概要は次章の実践のデザインで説明するが、詳しくは注３にあげた研究会メンバーによる論文を参照していただきたい。

　第三には、評議を含む裁判の全記録を残して実務家と研究者が制度の改良に向けた研究ができるように、守秘義務の限定的な解除を含んだシステムを構築することである。誰も検証しないシステムは改良が難しい。評議中の音声の個人名を匿名化するなどして、個人情報を守秘しつつ、どのような話し合いが行われているのかを分析し、裁判員が十全に参加できているかを検証することが裁判員の負担に応えることにつながるだろう。

裁判のルール	
1	検察官が被告人の有罪を証明する
2	証拠だけで判断する
3	真偽が不明な場合には被告人の有利に判断する
4	裁判員と裁判官の意見の重みは同じ
5	法律の解釈は裁判官が説明する

図１　裁判のルール

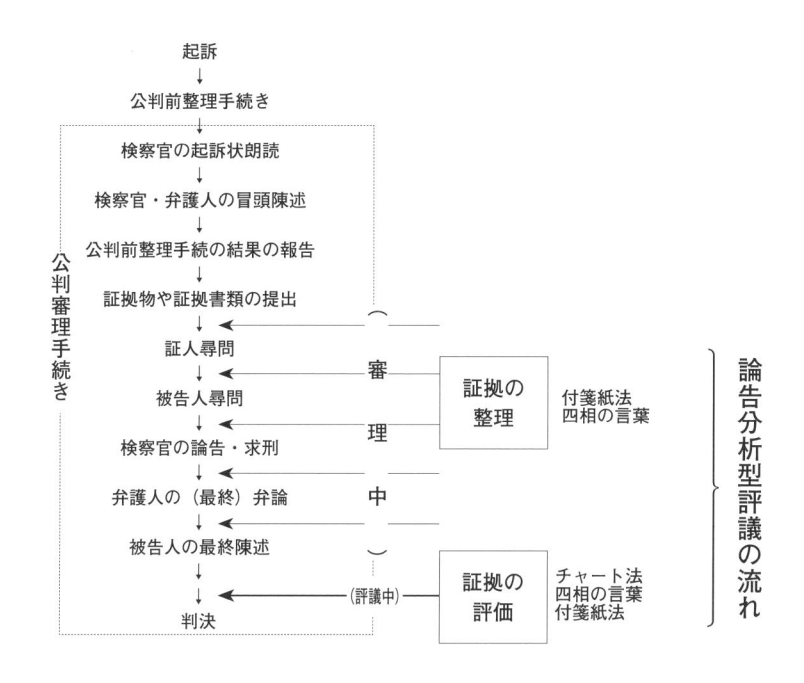

```
                    起訴
                     ↓
                 公判前整理手続き
       ┌─────────↓─────────────┐
       │     検察官の起訴状朗読                    │
       │          ↓                              │
       │   検察官・弁護人の冒頭陳述                  │
       │          ↓                              │
       │    公判前整理手続の結果の報告               │
       │          ↓                              │
  公    │     証拠物や証拠書類の提出                 │
  判    │          ↓                              │        ┐
  審    │       証人尋問  ←──┐ 審         ┌─────┐  │付箋紙法  │
  理    │          ↓        │         │証拠の│  │四相の言葉│論
  手    │       被告人尋問 ←─┤ 理         │整理 │  │        │告
  続    │          ↓        │         └─────┘  │        │分
  き    │     検察官の論告・求刑  中                         │析
       │          ↓        │                              │型
       │    弁護人の（最終）弁論                              │評
       │          ↓        │                              │議
       │     被告人の最終陳述 ─┘                              │の
       │          ↓        ←──(評議中)─ ┌─────┐  │チャート法│流
       │        判決                   │証拠の│  │四相の言葉│れ
       └──────────────────────│評価 │  │付箋紙法 │
                                      └─────┘          ┘
```

図2　論告分析型評議の流れ

❖ 計画のデザインとしての理想の評議が目指すもの

　理想の評議は、正統性ある判決を導く評議である。そしてそのことを判決の主体に関していえば、裁判員と裁判官が自分たちの下した判決の理由を説明でき、被告人は自分の受けた判決を少なくとも理解し、望むべくは更生のきっかけをつかみ、国民は妥当と思える判決によって制度の理解と司法への信頼を増すようになる評議である。したがって、裁判員制度の目的は、国民に信頼され、国民の市民的自由を守る司法の実現であると考えるべきであろう。さらにそのような司法が実現できれば、刑を受ける被告人の処遇や更生のありかたについての関心が高まり、罪を犯した人を更生させ、社会の

構成員として受け入れるしくみを構築することも新たな目的として国民的な議論の射程に入ってくるかもしれない。ここまで行くかどうかはともかく、現状の裁判員裁判のGPIOサイクルを示すと以下のようになるだろう。

目的 (G)	国民を守り、国民に守られる司法の実現
計画 (P)	実用的・道徳的・認識的正統性のある判決を導く
実践 (I)	見て聞いてわかる審理と論告分析型評議の実践
考察 (O)	判決が維持できるか、裁判員がコミットメントに耐えられるか、被告人が理解できるか、国民から妥当な判決と思われるか

❖ 量刑判断に市民が加わることの意味

　日本では、起訴された刑事事件の99％以上が有罪の判決を受け、なんらかの量刑が言い渡される。先ほど述べた無罪判決が希少であるとはこういうことである。これは警察、検察の優秀さの証明であるが、本当に「有罪」で間違いはないのだろうかという疑問をもつことは大切なことである。冤罪は先ほどから強調している市民社会の自由を脅かす最大の元凶の一つであるから、冤罪が起きないように市民が事実認定の過程に加わって、犯人性に争いのある事件においては、裁判官とともに本当に被告人が犯人なのか多角的に検討することの重要性は自明であるように思う。しかし、有罪であるとされた被告人を何年の刑に処するかを決める量刑判断に市民が加わることには専門家のあいだでも異論がある。
　異論の一つは、有罪かどうかについての事実認定は証拠と主張の整合性などについて生活者としての市民の常識が生きる部分がある

が、どんな罪にどんな刑罰がふさわしいかを法定刑の範囲内で妥当に判断するということは、経験知がなければできないことであり、市民を入れた評議メンバーの判断では、結果の正統性と主体の正統性を担保できないという主張である。もう一つは、量刑判断は実務家のあいだでも研究者のあいだでもどのように決めるかについて、もともと手続き的正統性が確立していない部分があり、そのような不確定な議論に市民を巻き込むべきではないという主張である。どちらももっともな主張であるが、無罪判決が希少であることを考えると、市民の実質的な参加ということを実現するためには、市民が量刑判断にも加わるべきであるという考え方で現在のような制度になっているのだろう。

　異論の懸念を払しょくし、市民参加の実をとるためには、量刑の議論における主体の正統性を高める以外にない。つまり、量刑を判断するための評議メンバーの能力を高めるのである。そのためには、誘因や報酬をどのようにデザインするかという問題がある。ここでいう誘因とは、量刑を判断しやすくする工夫である。しかし、報酬とはなんだろうか。裁判員裁判に裁判員として従事すると日当が支払われる。これは報酬であるが、人に刑罰を与えることで得られる報酬とはなんだろうか。これは、罪を犯した人に刑罰を与えることの意味と言い換えてもいい。そしてこのことは、量刑の考え方に深く関わっている。

　量刑には考え方の原則がある。罪となるべき事実の結果の重大性、被告人の更生可能性、犯罪の予防の順に重要視し、それぞれについて、被告人にとって有利な事情、不利な事情を考えていき、法定刑の範囲内で、過去の判例も参考に何年の刑に処するかを決めるのである。私たちの研究会では、「量刑事情マトリックス」のようにしてホワイトボードに表を作成し、全員で付箋紙に自分の意見を第4章で紹介したような方法で書いていき、裁判体における量刑事情の評価を共有することを提案している。このようにホワイトボードや付

箋紙法を使う方法を取ることが主体の正統性を高める誘因となるだろうという期待をもっているからである。量刑判断の実践のデザインについては、次章を参照されたい。

❖「私」が関わって刑罰を科すことの報酬

　罪を犯した人に刑罰を科すのは、結果の重大性に応じた償いをさせ、刑罰の後の更生を期待し、また罰を与えることで再犯を予防するという意味があることが、量刑の原則から推察される。しかし、このことと、刑罰を科すことに市民が参加することの意味とは重複する部分もあるが、違う部分もある。筆者が違和感を覚えるのは、裁判員個人にとって第4章で紹介した「相互行為としての意味」が見出せるかが現行制度下では疑問であるという点である。この場合の相互行為としての意味とは、「被告人と自分との関係における刑罰の意味」ということである。ほとんどの裁判員にとって、犯罪を犯したとされる人を見るのは初めての経験であろう。「犯罪者」は自分たちの日常の向こう側にいる者であったのが、公判廷の審理に加わり、評議を重ねるうちに、自分が関わるこちら側の人になっていくという経験が大なり小なり裁判員にはあるのではないか。そうだとすれば、自分が関わったこの被告人がどのように受刑するのか、その後どのようになっていくのかについて裁判員が個人的に関心をもつことも考えられる。裁判後の被告人の事情については個人情報であり開示できないが、刑務所での処遇のありかた、犯罪の類型別の再犯率や更生プログラムのありかたなどの情報が何もない中では、被告人の更生を想像することさえ困難なのではないだろうか。

　量刑判断に参加した裁判員の一番の報酬は、自分が科した刑罰が被告人のため、あるいは社会のために役立っていると感じられることである。その実現のためには、刑罰の後の被告人の社会との関わりが想像できるような情報をもっと開示し、司法のみならず、犯罪

と社会の関わりについて考察できるような制度にこの裁判員制度を育てていく必要があるだろう。

> **課題 5**
>
> 日本には死刑という刑罰がある。裁判員裁判においても死刑判決は出ている。死刑は人を殺害した罪のために人に死という刑罰を科すことである。人に死を与える判決の正統性をどのように考えたらいいのだろうか。計画のデザインは、誰にどうなってほしいのか、誰と一緒にどうなりたいのかを考えるデザインである。死刑判決の場合にこのデザインは目的との関係でどのように考えればいいのか。死刑に賛成の人も反対の人もいると思うが、賛成・反対というサイドを超えて自由に考えてみてほしい。

第6章

実践のデザイン(1)
十全参加を促す評議デザイン

　酒に酔った男が、「ハーバーライト」という名前のカラオケスナックで女に自分の歌を取られたと因縁をつけ、女の連れの大柄な男と口論になる。「やるってのか。表に出ろ」のようなやりとりがあり、殴り合いになる。大柄な男は喧嘩に強く、この因縁男を叩きのめす。ボコボコにされた男は「おぼえてろ。ぶっ殺してやる」などと言って家に帰る。
　ここまでは全国の酒場で時々は起こる諍（いさか）いなのではないか。しかし、裁判員制度導入の前に一般市民に評議を体験させるために作成された模擬裁判のDVD、「スナック『ハーバーライト』事件模擬公判」[1]にはこの続きがある。叩きのめされた男が包丁を持って、店に帰ってくるのである。そして、先ほど自分を叩きのめした男の腹を包丁で刺して全治2カ月の傷を負わせ、背中とひざにも包丁による刺し傷をつけ、被害者は救急車で病院に搬送される。店のママはこの因縁男が「やっちゃった。腹が立って刺した」と言ったのを聞いたと言っている。というのがこの事件の概要である。
　刺した男は相手に傷を負わせたのは認めているが、体格差のある相手ともみあっているうちに刺さってしまったのであり、刺すつもりも殺意もなかったと主張した。検察は腹という体の枢要部を、体

---

[1] 福岡高等裁判所製作のDVD。視聴所要時間は1時間6分。このDVDには、実際の公判では行われる起訴状の朗読、冒頭陳述等は省略されている。証言、被告人供述、論告、弁論を聞いて評議を体験するように作られている。

当たりをするように刺しており、殺意をもって被害者を刺したとして殺人未遂罪でこの男を起訴し、裁判員裁判の公判廷が開廷するところからこのDVDは始まる。DVDでは、事件概要に続き、被害者証言、店のママの証言、被告人供述の後、論告と弁論が展開し、弁論の後に評議を体験してみましょうというナレーションで終わっている。

前章で、信頼できる司法を法曹と市民がともに築くための評議デザインとして、裁判員が十全に裁判に参加して、裁判官とともに正統性のある判決を導く評議を提案した。そしてそのような判決を導くに至る評議を理想の評議と呼んだ。では、どうしたらこの理想の評議は実現するのだろうか。本章では、この評議体験のための模擬事件である「ハーバーライト事件」を題材に、前章で紹介した筆者をふくむ裁判員裁判のコミュニケーション研究会である評議研（略称）が考えた評議の実践のデザインについて述べる。

ハーバーライト事件における殺意の認定スキーマ

「ハーバーライト事件」は、些細な諍いから重大な結果に展開する事件である。酒に酔って口論をし、殴り合いをするような人がどのくらいいるのか、喧嘩の末に刃物を持ち出すような人がどのくらいいるのかはわからないが、刑事事件の多くがこのような酒場での喧嘩の末の傷害あるいは殺人だという。人を殺害したり傷害を与えたりすれば、警察に身柄を拘束され、起訴され、裁判にかけられる。裁判員制度によって、犯罪とは縁遠い生活を送ってきた人々も殺人未遂のような重大な事件の被告人を公判廷で見ることになる。そこでは一定の手続きに従って、喧嘩の末の暴行が刑罰を受けるべき罪として成立するか、成立するとすればどのくらいの刑罰が適切かを判断しなければならない。その判断に市民も参加するのが裁判員制度である。冒頭で取り上げた喧嘩は起訴状の中で「公訴事実」とし

て以下のように書かれている。

　被告人は、平成19年2月4日午後11時ごろ、福岡県中央区中町2丁目21番地○号に所在するカラオケスナック「ハーバーライト」店舗前付近において、松岡○治（当時44歳）に対し、殺意をもって、刺身包丁（刃体の長さ15.3センチメートル）でその左腹部を1回突き刺し、さらにその左膝および左肩・左背部を切りつけたが、同人がその場から逃走したため、加療2週間を要する腹部刺創及び加療約2カ月を要する左膝蓋靭帯断裂、左肩・左背部切創の障害を負わせたにとどまり、その目的を遂げなかったものである。
罪名及び罰条
殺人未遂　　　　　　　　　　　　　　刑法第203条、第199条

　先ほどの因縁男、西村△一は「人を殺す意図を持って人を傷つけたが、果たせなかった罪」である殺人未遂罪で起訴されたが、前述のように、この公訴事実のうち傷害は認めるものの、殺意は否認している。裁判員裁判では、「公判前整理手続」という裁判官、検事、弁護人が話し合って公判で何を争点とするかについて合意する手続きがある。公判廷は基本的にはこの争点をめぐって展開される。この公判前整理手続において、「ハーバーライト事件」の争点は検察側と弁護側の主張が食い違う以下の二つであるとされた。

① 被告人は被害者の下腹部をわざと刺したのか、それともはずみで刺さったのか
② 被告人に殺意があったのか

　この事件の場面展開と検察・弁護の両当事者の主張をまとめると図1のようになる。

場面1：スナックで被告人と被害者がけんか。被告人が一方的に殴られる。
↓
場面2：被告人が自宅にもどり、包丁を持ち出す。
↓
場面3：被告人が再びスナックに行き被害者と相対する。
↓   ↓

検察の主張

① 被告人はすべての場面で殺意をもっている。
② 被告人は包丁を右手に持って、刃先を腹部に構え、体ごとぶつかるように突き刺した。
③ とどめをさそうと被害者に切りつけ被害者を追いかけた。

弁護側主張

① 全ての場面で殺意はなく、おどすための包丁を用意した。
② 殴られると思い、とっさに包丁を前に突き出したら意図せず突き刺さった。
③ とどめをさそうとしたり、追いかけたりしていない。

図1 「ハーバーライト事件」の場面と当事者の主張[注2]

　この事件の検察側主張は二段構えになっている。被告人は刺すつもりで刺した（主張1）のであり、その意思には証拠から殺意が認定できる（主張2）という主張である。しかし殺意（殺す意思）という人の内心の問題をどのように証明し、そしてその証明が十分であるかどうかをどのように判断したらいいのだろうか。前章で見たように、刑事裁判においては、「疑わしきは被告人の利益に」という原則があり、殺意の立証は検察側がしなければならないが、その証明が「合理的な疑いをさしはさむ余地がない」と言えるほどに十分かどうかは、裁判員と裁判官とで判断しなければならない。裁判員制度の導入の前までは、裁判官、検事、弁護人という司法のプロ（法曹）には殺意を認定するときに用いるスキーマがあり、そのスキーマが暗黙の前提となっていたので、「殺意の有無」について争

[注2] 「ハーバーライト事件」を使った評議経験のための資料より作成。

いがあっても、認定方法をめぐる混乱はなかった。刃物を使った事件の場合の殺意認定のスキーマは、およそ図2のような図で表すことができる。

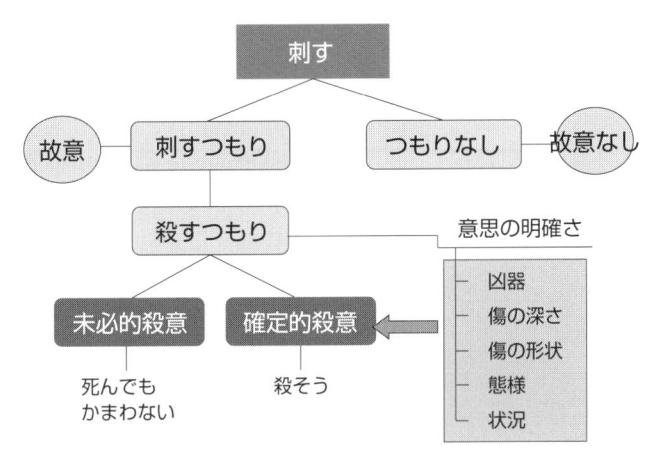

図2　法曹の殺意認定のスキーマ

　スキーマとは、構造化された知識のことであり、学習の結果として身につくものの見方のことである。法曹は、殺意をどのように認定するのかについて専門家集団としてある程度共通した見方をもっている。このスキーマがあるからこそ、事件の争点は何かについて合意したうえで、その争点について「争う」ことができるのである。図2のスキーマの基本は、殺意は人の心の中の意思であるけれども、その有無は行動から認定でき、行動を裏付ける証拠があれば行動に表れた殺意を証明できるという考えである。刃物での殺傷のような場合は、ある程度相手との物理的な距離が近く、刃物を持ったまま、もみあうということが考えられる。したがって、「刺す」という行為について刺すつもりがあったのか、なかったのかが最初の認定の分かれ道である。
　刺すつもりがあったのだということが認定されると、殺すつもり、

つまり被告人が刺したときに「相手を殺そう」という意思があったのか、なかったのかが次の認定の分かれ道になる。そしてどの程度その意思が明確であるのかは、どんな形のどのくらいの長さの刃物で刺したのかという凶器の形状、腹など内臓がある体の枢要部を刺したのか、手足などの周辺部を刺したのかという傷の位置、どのくらいの深さの傷なのかという傷の深さ、どんな形、どんな状態の傷なのかという傷の形状、無言で体当たりしたのか、刺した後、追いかけたのか等の刺したときの態様、酒場での二度目の喧嘩であることなどの「刺す」という行為をめぐる状況などを総合して判断する。しかし、司法の専門家ではない裁判員はこのスキーマをもっていない。「殺そう」という意図をどのように証明するのかについて考えたことがある人も少ないだろう。「殺意があったと思いますか」と問われれば、「ぶっ殺してやると言っていたという証言があったので、殺意があったと思います」のような自分にとって印象的な証拠のみによって判断してしまうかもしれない。何のデザインもなく評議をすれば、裁判員にとって評議は、印象を根拠とした局在化した議論の集積になってしまいかねない。しかし、図2で示したような図を示して「殺意というのはこのように認定することになっています」というように、裁判長が説明することも問題である。法曹のスキーマそのままに議論するのであれば、市民参加で評議をすることの意味が薄れるからである。

スキーマの違う参加者間の話し合いと素朴交渉

> **タスク6**
> 凶器がピストルである場合、殺意の認定のスキーマは凶器が刃物の場合とは異なると考えられる。検察官になったつもりで殺意認定のスキーマを描いてみよう。刃物での場合とどこが、どのように違うか、そしてそのスキーマがどの程度似ているのか比べてみよう。

このタスクへの答えは人によってどれだけのばらつきがあっただろうか。スキーマが違っているということは、ものの見方の流儀のようなものを共有していないということであるので、同じものを見ても違うものをイメージしやすい。「凶器がピストルの場合と刃物の場合の殺意認定の方法にどのような差があるか」という問いがタスクとして図2のスキーマの提示前に出されていたら、その答えは千差万別であっただろう。しかし、スキーマの提示後のタスクであるのでそのバリエーションは限定されたのではないだろうか。専門家のスキーマとして図を提示することの威力を知るためにも、スキーマの提示の時期を変えて複数の人に対して実験してみるといいかもしれない。

　スキーマは認知構造の一部であるので人が意識的に表出することがめったにない一方で、人の意見表明の前提となっている。前提を共有しない間柄では、意味の共同構築が起こりにくいというこれまで何度も取り上げてきた問題が、デザインなしで話し合いをすると評議でも生じる恐れがある。さらに、評議は有罪無罪の認定と、有罪であれば何年の刑に処するかという量刑を決めるという明確な課題のある話し合いであり、参加者はいろいろな違いを超えて結論を出さなければならず、議論が百出してもまとめなければならない。しかも裁判員は初めて刑事事件の裁判に加わるのであり、適切な判断をするための情報量は圧倒的に不足している。情報のない中で多人数が結論を求められる話し合いをすると、根拠の薄いいろいろな意見が出て唐突な結論に至る素朴交渉（Morimoto et al. 2006[3]）に陥りやすいことを私たちは共著の論文で示している。素朴交渉においては、議論がすれ違っていてもそれがそのままになり、上滑りする

---

[3] Morimoto, I., Saijo, M., Nohara, K., Takagi, K., Otsuka, H., Suzuki, K., Okumura, M. 2006 How Do Ordinary Japanese Reach Consensus in Group Decision Making?: Identifying and Analyzing "Naïve Negotiation". *Group Decision and Negotiation*, 15(2), 157-169.

議論が展開される。被告人の一生を左右するかもしれない評議が素朴交渉でよいはずはないが、裁判官と裁判員のスキーマが違うからこそ事件についての多面的な検討ができるという成員が異質であることのプラス面もある。このように考えて私たち評議研は、スキーマの違いはそのままに、議論がすれ違っていればそれに気づくことができるような、かみ合った議論ができるような評議デザインを考えようとした。

評議デザインの構成[4]

私たちの評議デザインの基本は「外在化と共有」である。評議の参加者がいま現在、何を課題として話し合っているかを外在化（目に見えるように）することとそれを共有することをデザインの基本とした。このデザインを使って裁判員が十全に参加できる評議を現実の事案に即して構成するのは、裁判員裁判を全国の地方裁判所で担当する裁判官である。一般市民である裁判員はそのデザインに参画して中身を作っていくイメージで、「手順、道具、言葉」からなる枠組みを考えた。図3にその図を示し、順に説明する。

裁判員裁判を取り仕切るのは裁判所であるから、読者が裁判官でないかぎり、以下に述べることを当事者意識をもって読むことは難しいかもしれない。しかし、裁判員制度は原則として選挙権のある成人すべてに参加の機会を開いている。選任される機会はいつやっ

---

[4] これ以降の論考は、西條美紀 2007 「評議のフォーマットの設計—話し合いの手続きを明確にするために」『法律時報』79(1): 113-116 ならびに、西條美紀 2009 「特集 裁判員裁判における評議の進め方—コミュニケーション論からの提言（下）より納得できる評議へ—議論の統合の手法と今後の課題」『判例時報』2053: 1-9. での論考と重複する部分がある。一般の読者にも評議進行についての理解と考察を深めてもらいたいと考え、本書の内容に沿うように書き直した。評議デザインの構成については、三島聡・森本郁代・西條美紀・大塚裕子・野原佳代子・高木光太郎 2012 「模擬評議実験を用いた裁判員裁判研究の可能性」『法と心理』12(1): 84-88 も参照。

てくるかわからない。そのときに評議の進め方についての一つの考え方を知っているということは十全参加の一助となるだろう。さらに、日常生活でも複雑な事柄について意見が対立し、背景知識や立場の違うグループで意見の当否を判断し、「正統性のある」結論を導かなければならない場面はたくさんある。読者にとってこの評議デザインの何がどのように導入可能で、導入したときにどのような影響が考えられるかという意識をもって以下の項を読んでいただきたい。

手 順	・評議手順書 ・【評議進行案：場面ごと】
道 具	・付箋紙法 ・【時系列・量刑事情の整理】
言 葉	・四相の言葉の使い分け ・【宣言・整理・解説・自説】 ・→メタコミュニケーションの言語的側面

図3　評議デザインの構成

❖ 手順

　評議において何をどのように話し合うのかの手順を考えるのは、評議進行の責任者である裁判長である。裁判長が評議を主宰することは裁判員法で定められている。

　評議はおおよそ表1（次ページ）のような手順で進行するのが裁判員の十全参加を促すと私たちは考えている。この手順は、評議研の考えであり、各地裁での評議がこの手順のとおりに行われるとは限らない。しかし、この手順は私たちが勝手に考えついたものではなく、最高裁判所の指針である「評価型評議」の考え方をもとにしている。評価型評議とは、前章でも説明したとおり、評議のスタイルとして「弁護人の弁論を踏まえ、検察官の論告を評価・検討し、

検察官の主張する事実が合理的な疑いを入れない程度に認められるかどうか」を中心に議論をすべきものとする考えであり（西條・高木・守屋2009）、制度導入後は全国の地方裁判所に浸透している考えでもある。以下に述べる手順は、裁判員を迎えた裁判所がこのような点に注意して評議を行うと、裁判員が参加できる「評価型評議」ができるだろうという想定で考えた。

表1　評議の手順

手順1：説示と事件概要（4場面）	手順3：量刑（7場面）	
1	評議の手順の説明	13	刑の範囲についての説明
2	刑事裁判のルール解説	14	量刑の考え方
3	評議のゴール（判決を出す）設定	15	量刑判断に関する手続き
4	事件概要の確認	16	付箋紙法による事情の列挙
手順2：事実認定（8場面）		17	事情についての有利・不利の話し合い
5	争点の説明	18	執行猶予等についての検討
6	事実整理の方法（付箋紙法）説明	19	量刑の話し合い
7	付箋紙法による証言対照表作成		
8	証言対照表と争点整理表の照合		
9	検察側立証の組み立ての確認		
10	弁護側立証組み立ての確認		
11	事実認定の話し合い		
12	事実についての確認		
手順4：　20　判決（刑の決定）		

▼手順1：裁判長の説示と事件概要

　最終評議と呼ばれる公判審理後の評議の冒頭でするべきは、評議の流れを示す手順の説明と評議の目的設定、刑事裁判のルールを確認する裁判長の説示であろう。説示とは裁判長が裁判体の構成メンバーに言って聞かせる談話のことである。刑事裁判のルールは、裁判員が選任された直後にも説明されていることであろうが、「証拠に基づいて判断すること」、「疑わしきは被告人の利益にと考えるこ

と」は評議の原則となるルールであるので、評議を始める前に確認しておくこととした。前章で示したボード（108ページ）などを評議中は掲示したままにしておき、裁判員が常に確認できる工夫をすることも考えられる。

　事件概要は冒頭陳述から弁論に至る審理の中で十分に裁判員にも理解されていることであろうが、被告人が何を罪として起訴されているのかを確認することが、次の事実認定の話し合いの基礎を作る。

▼手順2：事実認定

　事実認定の話し合いは8場面に分けて考えた。まず争点を確認する（場面5）。これは当事者の主張を評価するための前提となるものである。そして、次に証拠によって裏付けられる事実の整理を行う。物証であれば、実際に物があるのでそれを全員が見ることで証拠の外在化と共有はある程度行われるが、証言という長い複雑な談話を理解し、本当のことを言っているのかどうかなどを判断するためには、他の証言との比較が必要である（場面6～7）。さらに、それらの証言がどのように検察側の主張/弁護側の主張、ならびに争点と結びついているのかを検討する（場面8～10）ためには次項で説明する付箋紙法などによって評議メンバーが証言をある意味、目に見える形にして検討する段階が必要であろう。評議研ではこのように考えて、「わざと刺したか、はずみで刺さったか」のような争点についての直接的な意見交換の前に、場面5～10を手順として設定した。

　最後に、事実認定としての結論である有罪無罪の認定、罪名の認定について確認する必要がある。有罪無罪について意見が分かれたままである場合、多数決で評決を行って先に進んでいく方法と、評決はせずに後で意見が分かれた論点に戻る方法とがあるだろうが、量刑の話を進める前に、評議メンバーの全体として有罪か無罪かの判断を確定しておく必要がある。そうでないと量刑の判断において、

「本当は無罪と思っていたので執行猶予をつけたい」などという素朴な思考に裁判員が陥る余地を残すかもしれない。

▼手順3：量刑場面

　量刑場面の話し合いは7場面に分けている。まず、事実認定で認定した罪名についての法定刑の範囲を説明する（場面13）。これによって、どこからどこまでの範囲で被告人の刑罰を考えればいいのかが明らかになる。日本では法定刑が広く設定されている（殺人の場合懲役5年〜死刑まで）ので、この説明をすると、当然、ではどのように量刑を考えたらいいのかということになる。量刑は結果の重大性、被告人の更生可能性、犯罪予防の観点から考えるべきであるという基本的な考え方を説明し（場面14）、量刑判断は何年の刑に処するかの判断をすることなので、量刑に関わる事情を総合的に判断して年数を決めていくことなどを説明（場面15）する。類似の事案を紹介したり、類似事案の刑の年数の分布を示したりする予定があれば、場面15において説明するべきである。前章でも述べたが犯した罪に見合った罰を決定する手続きは一般市民の常識の範囲外のことである。決定のプロセスがわからない事柄について主体的に総合的な判断をすることはできない。市民の健全な社会常識を量刑にも生かすことを目指すのであれば、判断する方法について十分に説明するべきであろう。

　量刑を判断する手続きについて知らなくても、裁判官が、結果の重大性、更生可能性に分けて被告人に有利な事情、不利な事情を評議メンバーにあげさせ、それらをもとに議論することはできる。これら量刑事情と呼ばれることについての判断は一般市民の常識でいろいろな意見が出せるところだろう。しかし、その量刑事情も裁判官の質問に裁判員が個別に答える形で聴取されていく形式だと全体的な把握ができないし、広い法定刑の中のどこにこの事案を位置づけるのかについての判断ができない。評議研では付箋紙法による量

刑事情マトリックス（次項参照）を作成して全般的な事情を把握することを提案している。場面16-17の付箋紙法による外在化と共有の工夫は事情を年数に換算するための前提となる手続きであるともいえる。

　量刑を考えるとき、執行猶予等がつくのかどうかは裁判員にとって大きな関心事であるが、裁判員裁判の対象となるのは重大事件であるため、多くの事件では刑が3年を超え、執行猶予はつけようがない。執行猶予がつくかどうか微妙な事案においては、全般的な量刑事情の洗い出しが終わった後で、具体的な年数を考えるときに考慮するべきことと評議研は考えている（場面18）。

　場面19の量刑についての全般的な意見交換では、場面13～18までに作成した付箋紙法による量刑事情マトリックスやホワイトボードに整理されたライブレコーディングを見ながら、何年の刑に処するかについて全般的な意見交換をし、年数を決めていく。意見が分かれたときの、年数の決め方についての裁判員法における規定は、この段階で説明する。

▼手順4：判決

　評議コミュニケーションの成果物（アウトプット）は判決書である。判決書は裁判官が起案するが、量刑についての評議が終わった後で、評議プロセスを振り返る意味でも、どのような判決書を書くかについて評議メンバー全員で確認するべきであろう。制度導入後の実際の裁判においては、評議の秘密との関係もあるのか判決書の記載が簡潔すぎて、評議メンバーが何を考えてこの結論に至ったのかがよくわからないものが多いと聞く。前章で強調したように裁判員に「人に刑罰を科す」という重責を担うことを強いるのであれば、裁判員が参加してよかったと思えるような、自分たちの判断に誇りがもてるような判決書を裁判官には書いてほしいと思う。

⁂ 道具

　評議研で道具として考えているのは、付箋紙法とライブレコーディングである。付箋紙法の基本的な考え方、利点、書き方などは第4章を参照していただきたい。ライブレコーディングとは、もともとはライブ会場に機材を持ち込んでアーティストのライブを録音・録画することであるが、ここでは、話し合いの進行にあわせて、裁判官や裁判員の代表がホワイトボードや模造紙に全員で共有すべきと考える事柄を、いわゆる板書をするように書き出すことをライブレコーディングと呼んでいる。

　以下に、ハーバーライト事件の模擬評議実験で用いた評議の付箋紙法とライブレコーディングについて主要な場面での使用例を示す。

▼道具：場面7：付箋紙法による証言対照表作成

　図4に示したのが、付箋紙を使った証言対照表の作成方法である。ハーバーライト事件においては、被害者、店のママ、被告人の3人が検事と弁護人の両方から交互に尋問を受ける。尋問は当然、争点に関連したことであるので、被害者と被告人の主張が違う。また第三者である証言者が争点に関連して言うことが、当事者の主張とどのように関係するのかも把握しなければならない。

　複雑な事柄を理解し評価するためには、一つひとつの構成要素について詳細に見るいわば「虫の目」と構成要素がどのように結びついて全体が構成されているのかを見る「鳥の目」をもつ必要がある。現在、評議室には審理での証言の録画再生システムが備えられ、文字起こしした文字列を検索して任意の箇所を表示することもできるそうである。これを使えば、「被害者はあのとき、なんと言ってましたっけ？」のような問いに対しては瞬時に答えが出せる。このシステムはいわば、虫の目をメンバー全員にもたせる道具である。しかし、この道具は、被害者があのとき、なんと言っていたかをなぜ、

この場で問題にしなければならないのかについて、つまり、争点と被害者証言の関係をどのように見たらいいのかについて答えられない。証言者ごとに評議メンバーが証言を想起して付箋紙に書き出し、同じ物は重ねて貼って時系列で整理すれば、証言相互の食い違いやメンバーが証言の何を重視していたのかを「見る」ことができる。事実関係と評議メンバーの証言整理の全体像を見るための鳥の目を提供するのが、メンバー全員で作る付箋紙法による証言対照表である。

図4　付箋紙法による証言対照表の作成方法と作成過程

　評議研の提案（注4『法律時報』論文参照）では、聞いた直後に証言をできるだけ詳しく思い出し、思い出したことすべてを付箋紙で整理する方法を提案している。しかし、実際の裁判においては、証言の直後にそれを全員で整理する時間がないことや場所がないことなどを実務家から指摘されている。付箋紙法による証言整理については、争点以外の争いのない事実についてはあらかじめ書いておく方法や、争点について印象的な事柄のみを書かせる方法、証言の信ぴょう性という観点から、信じられる点、信じられない点に分けて書かせる方法などほかにも考えられることと思う。付箋紙法の眼目

は刑事裁判スキーマをもたない裁判員に評議に必要な事柄についての「鳥の目」をもたせることであるので、この点が満たせる方法ならば、バリエーションがあってもいいのではないかと筆者は考えている。

▼道具：場面17-18：量刑事情の付箋紙法とライブレコーディングによる整理

　事実認定場面を終えた裁判員は相当に疲労しているので、量刑についての話し合いでは疲労している裁判員の負担を軽くする方法が求められる。

　負担を軽くする方法の一つが、前述した鳥の目を裁判員にもたせることである。「被告人を何年の刑にするのがいいのか」という一般の人が考えたこともないような問いの前提の整理を、図5のような量刑事情マトリックスの作成というタスクに変えることで、裁判員が参加しやすくなるだろうことは容易に想像ができる。事実、地裁においてこの方法は実務家によって取り入れられ、付箋紙に書き出すことで裁判員が相当程度量刑事情について考えること、また付箋を貼ることで、どのような事情に付箋が集中するのかがわかり、量刑事情の承認の程度がわかる（村山2011）[5]という評価を受けている。

　量刑事情は事案によっても違うが、結果の重大性と被告人の更生可能性については被告人にとって有利、不利という観点から具体的な事情を考えやすい。犯罪予防も量刑判断において考えるべき点であるが、有利・不利という点からは判断しにくいので、評議研が行ったハーバーライト事件の模擬評議実験（注4『法と心理』論文参照）の場合は、犯罪予防の観点はマトリックスからは除き、四つの枠の中に評議メンバー全員が書いた付箋紙を貼ることとした。

　ハーバーライト事件において、被告人西村が被害者松岡を刺す前

---

[5] 村山浩昭　2011　「裁判員裁判の評議について―量刑評議における付箋紙法の実践」『植村立郎判事退官記念論文集　現代刑事法の諸問題　第三巻第3編　公判前整理手続き及び裁判員裁判編』pp.475-491　立花書房

に松岡によって暴行を受けている点は、被害者に重傷を負わせたという結果の重大を考える際に、被害者にも落ち度があるという意味で被告人の量刑を軽くする方向に働き、被告人に有利な点である。更生可能性については、制度導入前に全国で行われた模擬裁判で「被告人が若い」ということを「考えが変わる可能性が高い」と考えて有利な事情と考える人と、若いうちから罪を犯すということは「再犯の可能性のある年月が長い」と考えて不利な事情と考える人に分かれたそうであるが、付箋紙を書いてから一斉に貼りだせば、自分と違う人の意見も一つの意見として見ることができ、事情の評価のような人の価値観に左右されるような事柄についても話し合うきっかけがつかみやすくなるだろう。さらに、有利な事情と不利な事情の付箋紙の色を変えるなどすると、一見して意見分布がわかるという可視化の効果もある。

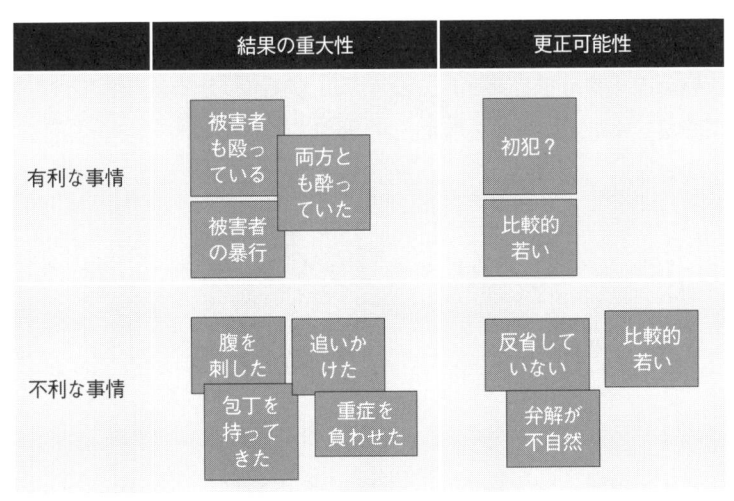

図5　量刑事情マトリックス

裁判員が考える事情が図5の四つの枠の中のどこにあてはまるかという量刑事情の整理にあたっては、裁判員が迷うことも考えられ

る。それを裁判官が「……というのは……ということですか」のように確認し、その内容をホワイトボードに書き込みながら付箋紙を貼っていくとより、評議メンバーの量刑評価が見えやすくなるだろう。

❖ 言葉

　かみ合った議論のために手順や道具と並んで重要なのが、いま何を話しているか、議論がどこに移行しているのかを示す評議指揮である。裁判員制度下の評議において裁判長は過重なほどの役割を与えられている。評議の中で話し合いを進行させるとともに、必要な法律的な解説をし、自分の意見も述べなくてはならない。裁判長が司会役を他の裁判官や裁判員にさせることもできるが、この三つの役割を原則9人という多人数の会話の中で適宜に使い分けるには、議論の流れをモニターしながら、議論を整理していかなければならない。その整理を言葉として担うのが「四相の言葉」である。表2に分類と使用例の一覧を示す。

　複雑な話し合いは、いくつかの性質の異なる思考の流れが参加者の中にあって、それらを話の流れにのって適宜に出したり、ひっこめたりして、いくつかの言語表出の相を作っている。その相を適切に意識して使い分けをしないと話し合いは混乱する。よく知っている者同士であるならば、いわば阿吽の呼吸でこの使い分けができる場合もあるが、評議の場合には、メンバーの談話管理を司会役が担う必要がある。その管理のために使うのが四相の言葉である。談話管理と四相の言葉もその一部であるメタコミュニケーションについては、第8章で別の事例を使って述べるが、メタコミュニケーションとは、いま行っている発話の連鎖より一段高いところから、発話の流れを管理するコミュニケーションのことである。

表2 四相の言葉の分類とハーバーライト事件での使用例

分類	下位分類・分類番号		内容	例（「ハーバーライト事件」での例）
宣言	前方照応	1—1	議論し終わったことを宣言して議論を区切る	休憩前に私たちはおなかの傷の位置、深さと方向について話し合いました
	後方照応	1—2	これからすることを宣言して議論の大枠を設定	ではこれから被告人が「ぶっ殺す」と言ったのかについて証言を確認しましょう
整理	話題提示	2—1	具体的な話題を提示	「M証言に不自然な点がない」という点についてはどうですか
	展開	2—2	発言者を決め意見を出させる	この付箋紙を書いた方、どういうことかもう少し説明していただけますか
	確認	2—3	発言者に内容を確認	1さんのご意見は頭に血がのぼって刺したんだろうとそういうことですか
	収斂	2—4	争点・前に出た論点との関連付け	傷の深さに関連する部分、Mは「無言で体当たり」と言っているが、被告人は「謝れといったら腕をつかまれた」と、2さんが指摘したように、この部分が食い違っているんですね
解説		3	法律や法律上の概念について説明	
陳述		4	自分の意見を述べること	

　メタコミュニケーションを裁判長（あるいは司会役）の評議指揮の言葉として担うのが、宣言、整理、解説、陳述からなる四相の言葉である。表2に分類と内容、ハーバーライト事件を使った模擬評議実験での裁判長役の使用例を示す。

　宣言というのは、これからすること、すでにしたことを言明することである。「量刑の議論に移ります」や「私たちは事実認定において○○という認定をしました」などがこれにあたる。整理には、話題提示・展開・確認など、司会役が相手の発話に何を期待しているかを明確にする言語行動を分類した。解説は、裁判官が法令などについて説明することである。陳述は裁判長が自分の意見を述べる

ことである。自分の意見を述べることそのものは、発話連鎖の中の言語行動であるが、裁判長が司会役も務めるときには、「これは私の意見です」や「私の意見を述べますと」など言及表現を用いて、自分の意見表明と司会役としての言語行動とを分けるべきであると考える。

　この四相の言葉を使った裁判長と裁判員のやりとり例を以下に示す。この例では、裁判長が争点①についての複数の意見を整理している。文の後に括弧で示した数字は四相の言葉の分類番号である。裁判長は争点①の「わざと刺したかはずみで刺さったか」について対立する意見を「はずみ説」、「体当たり説」のような、いわばインデックスをつけている。このインデックスをつけるという行為も「宣言」の一つである。これによって、裁判員間の意見の微妙な違いを集約するとともに、意見分布を鮮明にして事実認定の合意がどこまでできているのかについての状況を明らかにしている。

▼やりとり例
(いままでの意見の傾向の確認とつみあげた議論の結果としての認定)
　裁判長　1さんは、わざとではなくて、被告人が威嚇のつもりで包丁を振り回したら間違っておなかにささってしまったというご意見でしたね (2-3)。「はずみ説」(1-1)。理由は、被告人と被害者は50センチという至近距離で向かい合っていて、包丁をつかまれてもみあっていたら偶然に刺さることもあるだろうということでしたか (2-3)。
　裁判員1　はい。あと背中の傷も。
　裁判長　はい。背中の傷も追いかけて刺したにしては、浅すぎるからもみ合いの中で刺さったのではないかというご意見でした (1-1)。これに対して、ほかのみなさんは、おなかの傷については、10センチという深さに至る傷であることから被害者のいう体当たりしてきたということが信じられるのではないか、背中の傷について

は、もみ合っている最中に刃物を持っている人に背中を向けないのではないかという点、背中の傷については、被告人が言うもみ合いの中でおなかの傷も背中の傷もついたという言い分は信じられないというご意見でしたね (2-3)。「体当たり説」(1-1)。よろしいですか (2-3)。

わかるだけでいいのか

「見て聞いてわかる審理」の実現は、最高裁判所が裁判員制度導入の際に法曹三者に要請した制度のいわばドグマである。審理は以前に比べてかなりわかりやすくなったといわれている。では、評議はどうなのか。評議において裁判所はどのような工夫をして評議を進行しているのか、「見て聞いてわかる評議」になっているのだろうか。そして評議の内容が「わかる」ことと、なぜ自分がその判決を評議メンバーの一員として下したのかが「説明」できることは違う。

第5章の「計画のデザイン」で述べたように、理想の評議は、「裁判体の構成員の全員が判決の形成に主体的に関与し、なぜその判決に至ったかについて説明でき、そこで出された判決が正統性をもつ評議」である。本章で述べた評議デザインはその実践のためのデザインとして考えたものであるが、このデザインは理想の評議実現のための枠組みを手順・道具・言葉の解説付きで示したに過ぎない。枠組みの提示には内容を規定する力があるので、評議デザインがあることによって理想の評議に近づくということは考えられる。しかし、そこに入る中身がなければからっぽの箱のようなものである。その箱に中身を入れるのは、個々の裁判体の努力である。そしてそれを支えるのが司法の素人である裁判員と裁判官が行う話し合いについての様々な研究分野の研究者たちによる真摯な研究、市民の主体的な参加に資することは大胆に取り入れて制度を見直そうとする最高裁判所の姿勢、そしてそれらすべてを支える世論の力であろう。

課題6 専門知識、背景、立場の異なる者からなるグループの話し合いに物事の審議と決定が委ねられる事案としては、この裁判員制度における評議以外にも、会社の買収等による業務統合、地域起こしイベントの実施、大学対抗スポーツ競技の大会運営、遺産相続など様々なレベルで考えられる。このような案件に関し、本論で紹介したような「手順、道具、言葉」による実践のデザインが役立つとしたらどのような場面で何が役立つだろうか。案件の種類ごとに考えをまとめて話し合ってみよう。

> # column
>
> 話し合いを助けるファシリテーター

　年齢も立場も知識も興味も違う人々が集まる。主催者から「はい、では話し合ってください」と言われる。しかし次に予想されるのは静まり返る部屋、あるいは一人熱弁を振い、だれも止められない状況…

　多様な参加者が等しく発言の機会を得て、それぞれが新たな考えに至る話し合いの場とするためには、なんとなく集まり、なんとなく進めてしまってはいけない。人々が集まる場をつくり、話し合いなどが円滑に進むように助ける人が必要だ。その役割を持つ人をファシリテーターと呼ぶ。ファシリテーターは合意を形成する必要がある企業の会議や地域の対話集会だけではなく、マーケティングのために隠れたニーズを引き出すことを目的としたグループインタビューや、ワークショップを通した体験学習などにおいて活躍する。ファシリテーションの手法は、活動の目的や経緯によって若干異なってくるが、重要なのは中立的立場で活動を支援すること、結果ではなく話し合いのプロセスに関与することである。ファシリテーターは自分の意見を言うことはもちろん避け、自分と参加者の会話ではなく参加者間の会話が活発化するように様々な言葉や仕掛けを駆使する。

　2章コラムで取り上げた討論型世論調査でも「モデレーター」という名前のスタッフが小グループ討論を支援する。モデレーターのルールは明確に決められており、体験学習としてのワークショップにおけるファシリテーターよりも特に抑制的なのが特徴である。例えば、数分間の沈黙があったとしてもモデレーターは口火を切る必要はない。モデレーターが議論の方向を決めてしまうことになりかねないからだ。話し合いは自然発生的に進むことがベストとされているが、参加者からの発言がなければ、議論の下敷きになる配布資料の冒頭部から議論を進めていく。これは小グループごとにモデレー

ターの影響が大きく異なることを避けるためとされている。
　個別の具体的な手法は様々だ。ファシリテーターと参加者は、共感を促したり、話し合いの内容と方向性を明確化したり、意見を分類したり、場合によってはそのグループでの結論を導かなければならない。本章で紹介した「四相の言葉の使い分け」や 8 章の「再帰的発話」といったメタ言語の活用や、7 章の「we-code へのスイッチング」といったコードスイッチングは、言語的手法によるファシリテーションの技法といえるだろう。一方、4 章で扱った付箋紙による「課題の布置」や 6 章の「量刑事情マトリクス」は言葉を可視化し整理する方法だ。これらの手法を組み込むことでコミュニケーションの小さなサイクルが動き出し、大きなデザインに結び付いていくのである。

第7章

実践のデザイン(2)
ハラスメントとジレンマからの脱却

　ハラスメントとは人の嫌がることをすることである。自分がよかれと思ってしたことでも相手がそれを嫌うこともある。人の感情は不可知であるのだからハラスメントなしに仕事などできないという人もいる。また、同じ理由で自分が加害者になっている可能性は否定できないという人もいる。しかし、ハラスメントと仕事はそれほど切り離せないものだろうか。そうだとすれば、人の中で働くということは苦痛に満ちた経験になってしまう。

　ハラスメントと同じように働く人々が置かれる苦痛に満ちた状況にジレンマと呼ばれる状況がある。これは二つが同時に並び立たない二律背反的な価値の狭間にたって身動きがとれなくなる「板ばさみ」状況のことをいう。「ハラスメント」と呼ばれる状況、つまり、人から自分が嫌だと思う行為を受け続ける状況から、自分にとって大切な価値を壊さずに脱却するにはどうしたらいいのだろうか。また価値が対立する状況でどちらもとれない「ジレンマ」から脱出するにはどうしたらいいのだろうか。

　コミュニケーションデザインのケーススタディとして、前章までは公共的な問題を扱ってきたが、本章と次章では、実践のデザインとして、誰の日常にも起こるような困った状況から脱却するための方法について論じる。日常の困りごとは生活に密着しており、何が問題の本質なのかを見定めにくい。したがって、その解決のためには、自分を日常から切り離して公共的な問題を考えるときのような

俯瞰的な視点、言わば「鳥の目」をもち、実践のデザインを行うことが必要である。また、日常の困りごとは、自分の意図したとおりに事態が動くということがあまり期待できない。公共的な問題でももちろんそうなのであるが、日常の困りごとは自分が当事者であるために、より自分の意図と現実のギャップに悩むことになる。したがって、GPIOサイクルを一つ回したあとのフィードバックである修正のサイクルがより重要になる。どんな状態であればGPIOのどこにフィードバックするべきなのか、どのように修正のサイクルを回したらいいのかという点についても明確になるように論じていく。

　本章では、ハラスメントとジレンマは、周囲と自分とのあいだで文脈を共有できない状況を出発点とする社会的に構成される問題状況であるとの認識に立ち、問題状況を把握し、そこから抜け出すための実践のデザインについて考える。考察のための材料は職場の問題からとっているが、学校や地域社会のコミュニティでも同様の問題はあるだろう。材料のディテールにこだわらずに、人々のあいだに生じる普遍的な問題のケーススタディとして職場での問題を見てもらいたい。

ハラスメントとジレンマの過程

　フランス語で仕事を表すtravailには「分娩の苦しみ」という意味もあるし、「家畜を動けなくさせる枠」という意味もある。分娩の苦しみには、苦しい中にも次世代を生み出す明るい主体的な響きがある。家畜を動けなくさせる枠には、強制や拷問のような暗い受け身的な響きがあるが、主体的に関わろうと受け身的に関わろうと仕事には、人に苦しみを与える枠組みとしての一面があることは万人が感じるところであろう。何かを成し遂げようと努力することは苦しいことである。その努力が報われないことも多い。評価されない

痛みは仕事をする多くの人が感じているだろう。しかし、仕事の苦しみや評価されない痛みとハラスメントやジレンマで受ける苦しみは別のものと考えられる。ハラスメントとジレンマが苦しいのはなぜか。このことを考えるために、ハラスメントとジレンマの進行を図で示してみよう。

ハラスメントとジレンマは図1のように進行していくと考えられる。Hはハラスメントを、Dはジレンマを表している。

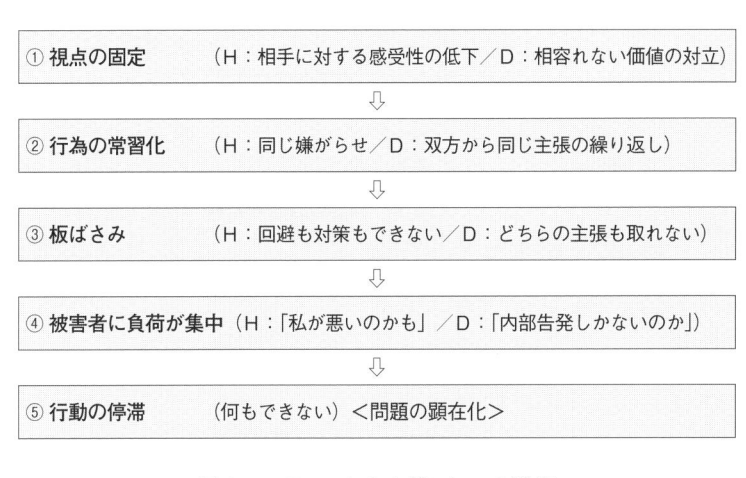

① 視点の固定	（H：相手に対する感受性の低下／D：相容れない価値の対立）
⇩	
② 行為の常習化	（H：同じ嫌がらせ／D：双方から同じ主張の繰り返し）
⇩	
③ 板ばさみ	（H：回避も対策もできない／D：どちらの主張も取れない）
⇩	
④ 被害者に負荷が集中	（H：「私が悪いのかも」／D：「内部告発しかないのか」）
⇩	
⑤ 行動の停滞	（何もできない）＜問題の顕在化＞

図1　ハラスメントとジレンマの進行

ハラスメントもジレンマもその出発点は視点の固定である。両者ともに周囲と文脈を共有できない状況下で、決まった見方から動けないという状況が作り出され、ある特定の個人が無力化されていく過程であるということができる。

ハラスメントにおいては自分の行為に対する相手の受け止め方、あるいは自分の行為の正当性について「加害者」とされる人に視点の固定がある。たとえば、パワーハラスメントにおいては、部下に対する「指導」や「助言」として、人前で厳しく叱責するなどがこれにあたる。相手の受け止めに対する感受性が低下していると、相

手が反応していないように感じ、いくら言っても言い足りないような気がして叱責を繰り返し、「嫌がらせ」と呼ばれるような行為を常習化させる。部下としては、人事評価の権限のある上司との関係を重んじて自分がそれをハラスメントと思っていることを言えない。嫌だと思いつつ人前で叱責され続ける状況に置かれると、上司の叱責に理不尽なところがあっても周囲のサポートがない場合、「私が悪い」という気持ち、何をしても無駄であるという気持ちに至ることもあろう。そうなると部下の行動は停滞し、成果が上がらず、部外からも問題があることがわかる状況となる。

ジレンマにおいては、たとえば、環境保全と経営コストの軽減という二つの価値のあいだで立ち往生する技術者などに視点の固定が見られる。技術者として自社の製品の製造に付随して環境負荷の高い物質が外に出ているということに気づき、その対策を会社に進言するが、会社がそのコストを負担しないという場合などである。有害物質が環境に与える影響が大きく、その対策に必要なコストが会社の経営に与える影響が大きいほどこの二つの価値は両立しない価値のように技術者には感じられる。環境に与える負荷について周囲と認識が共有できないと、技術者は会社にコストをかけても対策をするべきだと主張し、会社はコストも考えろと主張することが繰り返される。技術者が低コストでの対策を考えつかない場合には、「内部告発しかないのか」と考えるかもしれない。内部告発をすれば、問題は技術者にも会社にもかなりダメージがある方法で顕在化する。何の手段を取らなくても、問題を放置しておけばやがてその問題について社外からの指摘を受ける事態に至るだろう。

このように考えてくると、ハラスメントやジレンマの過程で個人が受ける苦しみは、社会的な契約関係から生じるというよりは、人々の相互作用の中で日々、生み出されているものであり、周囲の文脈から個人が切り離されて力が奪われる状況が社会的に構成されたときに感じる苦しみであるように思われる。どちらも、個人に負

荷が集中する第四段階までのあいだになんらかの手を打つ必要がある。この「打ち手」が本章で扱う実践のデザインである。本章と次章では、どのような言語技術をどのような局面で使うことが有効なのかを考えて言葉を使うことを実践のデザインと呼び、その個々の表現を実践形と呼ぶ。以下では、ハラスメントとジレンマについて事例をあげ、実践のデザインと実践形がどのようなGPIOサイクルのもとで考えられるのかを示し、検討する。

あるセクシュアルハラスメント

　セクシュアルハラスメント（性的嫌がらせ）は、ハラスメントの中でも問題を特定しやすい構造をもっている。まず「視点の固定」がわかりやすい。男女間で起きるとは必ずしも限らないが、自分が相手に好意をもっていて、さらに相手も自分に好意をもっているはずであるという視点で相手を見るところからすべてが始まることが多い。これは半ば妄想的な思いこみであり、自分と相手の好意の多寡の見積もりが著しく異なること、あるいはだんだんにずれてくることが問題状況の始まりである。そしてなんらかのきっかけで好意をもった相手と関係を深めたいと願う「加害者」が相手の望まない行為を繰り返す、あるいは行為をエスカレートさせていく「行為の常習化」の段階に至る。

　相手に好意をもたれることがきっかけであり、多くの場合は上司など自分より立場が上の者の行為であるので、「被害者」は嫌だと思いつつも行為の常習化を止められないことが多い。行為の常習化の段階まで行くと、セクハラの場合には仕事上の関係のほかに一緒に食事に行くなど個人的な関係が派生し、そのことが被害者と加害者の関係を共犯関係のように見せてしまい、被害者が回りに被害を訴えると「上司と親しすぎる」のように言われることもある。多くは仕事上の関係が被害者にも大切なものであることが多く、仕事上

の良好な関係と個人的な悪感情とのあいだで苦しむことになる。ハラスメントの場合には、行為が常習化し、それが社会的な規範を逸脱するところまで行く前に問題の深刻さを測る、あるいは相手と自分の関係を立て直す手を打つことが大切である。ではどのようにしたらいいのか。次のタスクで考えてみてほしい。

> **タスク 7-1**
> あなた（女性）と男性上司は何回か二人だけで食事に行ったことがある。あなたはこの上司の仕事上のパートナーであり、部内で一緒に遂行しているプロジェクトはやりがいがあり、あなたとこの上司は互いの職務遂行能力を互いに高く評価している。食事に誘われることは常習化しており、そのことにも抵抗感はあったが、食事の帰りに路上で突然、キスされたことをきっかけにあなたはこの上司に嫌悪と恐怖を感じ、距離を置きたいと考えている。図1の②「行為の常習化」の段階にある関係性でこの問題の深刻さを測りたいと考えているあなたはなんと言うべきか。
>
> 男性上司：「今度いつあいてる？」
> あなた（女性）：「・・・・」

このタスクの答えはいろいろと考えられるだろうが、あまり有効でない答えの一つが、「当分むり」のような答えである。それはいままで述べてきたことから明らかなように、上司に対し敬語を使わないということは、この誘いの前提である上司と「あなた」の個人的な関係性を認めていることになる。もし、この場面を周囲に見られれば二人の関係性は仕事上の関係という文脈から切り離されてしまうことにもなりかねない。

このような場面において有効であろうと考えられるのがスピーチスタイルシフトである。スピーチスタイルシフトとは、話し言葉に

おいて敬体と常体を使い分けることであり、この使い分けによって相手との距離を調整することができる。相手に敬意を示す言語表現には、尊敬語によって相手を高めたり、謙譲語によって自分を低めたりすることで、相手と自分とのあいだに距離を置く機能がある。「当分むり」と常体で答えることによって、上司と「あなた」は対等な関係性であることを示し、職務上の権限が食事の誘いのような個人的な用件には及ばないのであるという意思を示すことになるという考え方もあるだろう。敬語というと、尊敬していない相手には使えないように考える人もいるかもしれない。しかし、敬語は、相手と自分とのあいだに距離を置き、自分を守るために使う言語技術であり、コミュニケーションデザインのGPIOサイクルにおける実践形のうちの一つであると考えるほうがハラスメントからの脱却を目指す「あなた」にとって戦略的な考え方である。このように考えると「あなた」が考えるべきGPIOサイクルは以下のように整理できる。

目的(G)	セクハラ的な状況から脱却しかつ仕事上の良好な関係を保つ
計画(P)	上司が自分との距離をつめようとするのをくい止めたい
実践(I)	上司が自分との関係性を見直すようなきっかけを与える
考察(O)	それをしても自分に不利益にならないか。周囲の理解は得られるか

このサイクルの実践のデザインの具体的な表現の一つが、「ありがとうございます。ほかにどなたがいらっしゃいますか」と丁寧に聞くことである。もし、「あなた」がこの上司との会話でこのような敬体を使っていなかったのであれば、このスピーチスタイルシフ

トの効果は大きいだろう。この上司がもともと、規範を逸脱するようなパーソナリティでなく、好意の多寡の見積もりに失敗しているだけであれば、GPIOサイクルの「あなた」の計画はこの言葉によって伝わり、相手の面子をつぶすことなく、関係性の再構築をはかることができるだろう。

問題は敬語使用により上司が自分との関係性を見直すきっかけを与えるという実践のデザインが相手に何の影響も与えず、今後、このハラスメントが深刻な展開、つまり対策もできないし、ハラスメントからも逃れられない「板ばさみ」状況となり、「被害者に負荷が集中して」、「何もできない」という状況に追い込まれる可能性があると判断した場合である。この場合はGPIOサイクルの二周目、つまり「修正」のサイクルに入ることになる。

❖ ハラスメントの解決のための修正のサイクル

ハラスメントが「被害者に負荷が集中」する段階まで進行したら当事者間での解決は難しいし、問題が顕在化することによって思わぬ打撃を受けることもある。なによりも、ハラスメントを受け続けることは、「被害者」にとって苦痛であるから、早く対策を取るべきである。先ほどの例において「あなた」が敬語使用等によって上司と距離を置こうとしたにもかかわらず、相手がなお距離を詰めてこようとし、丁寧に、しかし明確に今後、個人的な付き合いは遠慮したい等の言明をしたにもかかわらず、執拗に誘うなどする場合は、先に示したGPIOサイクルの目的、「セクハラ的な状況を脱却し、かつ上司とのあいだに仕事上の良好な関係を保つ」は棄却するべきである。職場に相談窓口があり、公的な立場でこの上司に対して「あなた」の立場を説明し、距離を置くように介入するようなしくみがあるならば、それを利用するのが望ましい。第三者の目から役目として自分の行為が「ハラスメント」にあたると指摘されれば受け入

れられても、自分が好意をもち、大事にしていると思っている相手から「あなたがしていることはハラスメントなのでやめてほしい」と訴えられて自己愛が傷つき、受け入れられないということはあるだろう。第1章で見たように文脈がないところに意味は発生しない。上司が「個人的な関係」という文脈でしか「あなた」を見ないならば、彼がしていることは愛情の表れなのであって、職務権限とは何の関係もないことになる。彼の文脈からは、「ハラスメント」という概念は出てこない。したがって直接対決によって問題を解決しようと考えるのは戦略的ではない。戦略的に問題を解決するためには、明確なゴールを設定する必要がある。この修正のサイクルにおいて、「ハラスメントの解決」というゴールは曖昧すぎる。深刻化することが予想される状況下において「あなた」が何を選びたいかを明確にしたゴール設定をし、それにあったサイクルを考えるべきである。たとえば以下のようなものが考えられる。これは、「あなた」の会社にハラスメントの解決に向けた組織的な介入のしくみが未整備な場合のデザインである。

目的 (G)	現在のプロジェクトを完成させ、成果を上げて昇進するとともに自分の身を守る
計画 (P)	上司と距離を置いたところで仕事を完遂させたい
実践 (I)	プロジェクトの達成がどのように所属部署に利益になるかを説明し協力者を増やす 上司となるべく顔を合わせないですむような仕事のシフトを組む プロジェクトが完成したら部署を移動できるように部外に根回しをする
考察 (O)	プロジェクトを部内の協力により完遂し、昇進への道が開けたか

このGPIOの実践のデザインは、「プロジェクトの協力者を増や

す」ということである。プロジェクトに対する周囲の協力を得ることで自分が無力化される過程を回避している。「あなた」にとっての上司は同僚にとっても上司であるが、「あなた」へのハラスメントは同僚にとっての問題状況ではない。したがってハラスメントの解決に向けた協力を部内の人間に期待することは難しい。介入の組織的なしくみがないのであれば、上司と二人で進めていた仕事になんらかの形で他の同僚の関わりを増やすようにし、人を巻き込んで自分の立場を「プロジェクトチームのサブリーダー」のような立場に自分の力でつくりかえていくことが有効であろう。「ハラスメントをやめさせたい」のようなゴール設定では、解決に至るサイクルはデザインできない。人の心を変えることはできないからである。一方でこの上司からのメールや電話を記録し、ハラスメントが犯罪的な様相を帯びてきたら、法的な解決に持ち込める材料を集めておくことも自分の身を守るために必要なことである。

技術者のジレンマ：「ギルベインゴールドケース」

▼ケース紹介

　技術者のジレンマ問題というテーマは、技術者倫理教育の中でよく取り上げられるテーマである。技術者倫理教育の背景には、技術者には専門的な知識があるので、知識のない人々にはわからないようなリスクについて認識することができるという考え方がある。技術者倫理においては、リスクを認識したときに技術者がどのように行動するべきなのかについて、事例に基づいて意思決定のありかたを検討するという方法で研究と教育が行われることが多い。しかし、技術者の意思決定の問題と、その認識したリスクをどのように組織内外で共有し問題解決をはかるかという問題は、密接に結びついているが別の問題でもある。ここでは、先ほど例にあげた環境保全と経営コストのあいだでのジレンマ問題の例として、技術者倫理教育

で長い間教材として使われてきた「ギルベインゴールドケース」を取り上げて、GPIOサイクルにおける実践のデザインの観点で検討する。

「ギルベイン・ゴールド：技術者倫理の事例研究」はNSPE（National Society of Professional Engineers）が1989年に作成した技術者倫理の教育のための映像教材である。ここで登場する「ギルベインゴールド」とは、ハイテク産業が排出する汚水処理場の汚泥を乾燥させた農業用の肥料のことであり、このケースの舞台となるギルベイン市はそれを販売して市の収入の一部としている。この教材の主人公であるディビット・ジャクソンは、Zコープのエンジニアで、同社の排出水に含まれるヒ素と鉛が市の基準値をわずかに上回っていることを発見し、上司のフィル・ポートに排水処理施設の改善を求めるが、市の検査方法によっては、市の基準を上回る排出濃度にならないことから対策を拒否される。その後、海外メーカーとの提携によって、生産量を5倍にする計画が持ち上がる。同社のコンサルタントのトム・リチャーズはすぐに事実を公表して事態を止めるべきだとディビットに迫る。市の規制は濃度規制であることから、規制上問題はないが、大量のヒ素と鉛が排出されることを懸念したディビットは強く排水処理施設の改善を求める。しかし工場の責任者のダイアン・コリンズに拒否され、接触を求めてきたテレビ局に対し自分の知っていることを告発。その報道のさなか、彼が会社から呼び出しを受けるところで映像は終わる。

▼登場人物の立場と主張

このケースの登場人物の主張を責任の所在を横軸に、対策のスピードを縦軸にとって図示すると図2[1]のように位置づけることが

☞1　西條美紀・川本思心「ギルベインゴールドケースにおけるリスクコミュケーションと技術者倫理」『㈳日本工業協会平成23年工学教育研究講演会講演論文集』pp.250-251.

できる。

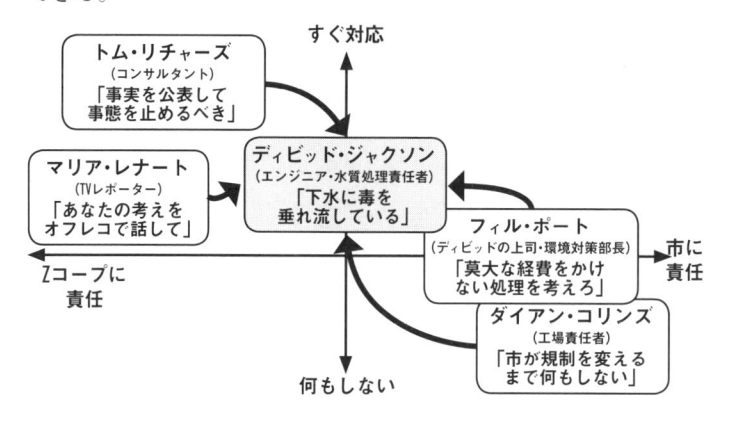

図2 ギルベインゴールドケース登場人物の立場と主張

（図中の人物と主張）
- トム・リチャーズ（コンサルタント）「事実を公表して事態を止めるべき」
- マリア・レナート（TVレポーター）「あなたの考えをオフレコで話して」
- ディビッド・ジャクソン（エンジニア・水質処理責任者）「下水に毒を垂れ流している」
- フィル・ポート（ディビッドの上司・環境対策部長）「莫大な経費をかけない処理を考えろ」
- ダイアン・コリンズ（工場責任者）「市が規制を変えるまで何もしない」

軸：すぐ対応／何もしない、Zコープに責任／市に責任

　登場人物たちは重金属による土壌汚染の可能性のあるリスク事態に対し、立場を忠実に反映した言葉を用いて、責任の所在と対処について異なる主張を展開する。この教材ではすべての主張がディビットに向かう構造で描かれている。ここにおける技術者としての彼の最良の解決策は、生産量を5倍に上げても基準値を下回るようなコストのかからない排水処理方法を考えることであろう。しかし、どんな技術的解決にも潜在的な破たんのリスクはあり、この土壌汚染のリスクを関係者間で共有できないかぎり新たな問題が生じる恐れがある。

▼ We-code 導入によって事態の深刻さを測る

　このケースのハイライトは、ディビットがこのリスク事態収拾の本当の責任者であるダイアンに対策を迫る場面である。対策を迫るディビットにダイアンは、スラッジ（汚泥）でビジネスをしているのは市であって、Zコープ社は市の規制を守っているのだから市が規制を変えるまでは何もしないと言う。そこでディビットは「我々

は下水に毒を垂れ流しているんです。あなたは事態を理解していない」と言う。いままで述べてきたことから明らかなように、これは問題解決という観点からは最悪なやりとりである。責任者が「何もしない」と言明してしまえば、図1でいえば第五段階の「何もできない」状況に陥ってしまう。実際に、内部告発によるテレビ報道による事態の露見という会社の信用失墜とディビットの解雇の可能性が示唆される場面でこの映像教材は終わっている。

　これは1980年代に作成された教材であり、現在では日本でも「公益通報者保護法」という公益を守るための内部告発を理由とした解雇等を禁止する法律が整備されている。企業のコンプライアンスに対する意識も向上しているし、環境意識も当時とは比べ物にならないくらいに進化し、排水基準も整備されている。しかし、公益と企業の利益とのあいだで技術者が板ばさみになるジレンマ問題が、これらの社会の枠組みの変化に伴って消失するわけではない。ジレンマ問題は先ほども述べたように人々の相互作用の中で日々、構成されている問題だからである。

　問題を解決しようとするときには常に、それがどのくらい深刻な問題なのかを早期に知らなければならない。そうでないとサイクル全体の目算を誤る。では、このジレンマ問題において、問題の深刻さを探るにはどうしたらいいのだろうか。以下のタスクで考えてみてほしい。

> **タスク 7-2** 図1の③「板ばさみ」段階で、上司のフィルに協力を求めたいと思っているディビットはなんと言うべきか。
>
> フィル：莫大な経費をかけない下水処理の方法を考えれば、君の評価はあがるだろうね。
> ディビット：・・・・・・

このタスクの答えもいろいろ考えられるだろうが、あまり有効でない答えの一つが、「いくらまでなら経費をかけていいですか」と聞くことである。経費の多寡は問題を放置したときのリスクをどのくらいに見積もるかに依存する。すでに「板ばさみ」状態にあるということは、「行為の常習化」の段階で、ディビッドは彼にできる方法で、Zコープ社の排水が重金属の濃度規制をどのくらい上回っており、生産が5倍になれば、現状の排水施設でどのくらいの重金属が排出されるかを技術者でもある上司に話しているはずである。その説明を受けても対策を打つことに消極的な上司に対し、経費のことを尋ねても「それは君しだいだ」のような答えが返ってくるだけであろう。この段階で考えるべきは、ディビットひとりに負荷が集中しないような手を打つことである。フィルの「君の評価はあがるだろうね」の言葉に対し、「私たちの評価ですよね」のように答え、排水処理の問題が自分と上司の共同の問題であるという文脈を「私たち」という代名詞を持ち込むことで築けるかどうかが、事態の深刻さを測る目安の一つになるだろう。

社会言語学には、コードスイッチング（言語・言語変種の使い分け）という概念がある。これは移民に見られるように複数の言語を母語なみに使える話者が、トピックや相手との関係性に応じて言語を使い分ける現象を言い表す概念であるが、そこでの使い分けの大きな動機の一つが、「we-codeとthey-code」を使い分けることによるメンバーの関係性の確認であるといわれている。

たとえば、福建省出身のシンガポール人は、普段は英語で話しているのに、一族の長老も集う親戚との会食のときには中国語（福建語）を織り交ぜて話すことがある。このような場合においては、普段は使わない福建語、つまりwe-codeで話すことによって、自分たちの出自を確認したり、一族の結束を固めようとする気持ちが表れていると考えられる。また、普段、家の中では福建語で話している家族が、子どもを叱るときには、英語を使うような場合は、英語と

いうthey-codeを使うことによって、突き放したような言い方になり、「叱る」という言語行動の効果を高めようとしていると考えられる。標準語と方言のような一つの言語に変種がある場合においてもこのコードスイッチングは行われる。たとえば、テレビでインタビューをするアナウンサーが、インタビューの相手が自分と同じ地方の出身者のときに、時々、方言を混ぜることがある。この場合も、we-codeである方言を入れることによって、親近感のようなものを演出し、相手と自分との距離を縮めようとしていると考えられる。ただ、このコードスイッチングは極めて自然に行われるのが通常であるので、意識的なのか、無意識的なのかはわからない。

　しかし、この課題のジレンマ問題においては、ディビットは意識的に「私たち」という代名詞を使い、一種のwe-codeを使うことによって、自分の評価と上司の評価がつながっていることを示すべきである。もし、フィルとディビットが同じ方言話者であるならば、方言を使ってみることもいいだろう。いずれにしても、we-codeを使用したときの相手の反応を観察することによって、自分たちが「私たち」という関係性を築けそうかどうかを見極めることが、問題解決に向けたGPIOサイクルを考えるうえで重要である。

▼ジレンマの解決のための GPIO サイクル

　上司とのあいだに「私たち」という関係性が築けそうにないときには、修正のサイクルに入ることになる。ギルベインゴールドケースにおいては、図2に示しているように、問題解決の主体はZコープ社だけではない。公益性と企業収益とのあいだのジレンマ状況を専門知識がある技術者が認識し、その狭間で悩むという状況においては、影響が社内外に及び、当事者が社内に限定されないことのほうがむしろ普通なのかもしれない。このケースでは、スラッジを肥料として農家に売っており、排水基準を決定する立場にあるギルベイン市も問題の当事者である。ハラスメントと同じように、ジレン

マの場合にもその解決は文脈を拡大すること以外にない。「あれか、これか」という選択を迫られるところに問題があるならば、その選択肢の構造を変えることが最も抜本的な解決方法だからである。そのように考えると、排水処理の費用をどうするかという問題の枠内ではなく、以下のようなGPIOサイクルによる解決も考えられる。

このサイクルはギルベイン市にも「わたしたち」という意識をもたせ、当事者として排出基準を変えても市内のハイテク産業が継続するためにはどうしたらいいのかを一緒に考えさせるというところに眼目がある。そのための動機付けとして市のビジネスを利用しているのである。

目的 (G)	ギルベイン市とZコープ社の長期的な収益を確保する
計画 (P)	新環境基準策定のための環境評価を市とZコープ社の共同研究として実施する
実践 (I)	現在の排出基準による重金属の「ギルベインゴールド」への影響について試算リスクをZコープ技術者、経営者、市のスレッジビジネス担当者、規制当局が認識する Zコープは排出規制が変わることを前提に対策費用を試算する 市は環境保全のために対策費用に対する補助金等を検討する
考察 (O)	市はスレッジビジネスを継続できるか。Zコープ社は新基準で生産が継続できるか

ハラスメントの問題もそうであるが、ジレンマの問題においても公益が関わっているからと言って、人権や正義や環境というキーワードで人が動くということはあまり期待しないほうがいい。こういう大きな概念は、人によってかなり解釈が違うし、「何をすることが正義なのか」について一意に決まる定義はない。関係者にとって何が長期的な利益になるかを考え、その中で自分を含めた周りの状況をどうするのかというゴールを設定することが問題解決の鍵と

なる。そのためには、熟考を重ねた実践のデザインで人との距離を管理しつつ、サイクル自体を俯瞰して修正していく柔軟性が必要である。

> **課題 7**
>
> 第5章の計画のデザインでは、「人にどうなってほしいか」を考えるときには、利己的な考えではなく、社会的な規範に則ったデザインを行うべきであると述べた。しかし、本章で紹介した実践のデザインにおいては、人権や正義といった規範に訴えても問題は解決しないと述べた。計画において是であるものがなぜ実践において有効でないとして否定されるのだろうか。計画と実践という段階の違いを踏まえ、理由について様々な角度から話し合ってみよう。

column

研究と「対話」の板ばさみ——研究者の対話活動は規範頼り？

　面白い研究の話を研究者から聞きたい、今話題になっている社会的問題について専門家と議論したい、といった市民の要望は少なくはない。一方の研究者もそういった活動に肯定的な場合も少なくはない。しかしこの状況は研究者にあるジレンマも生じさせる。

　旧来、大学や研究機関の研究者は、生産した専門知識を研究者同士で評価しあい、報告書という形で研究資金を提供するスポンサーと「対話」してきた。そこにはその恩恵・リスクをいずれ共有することになる市民との直接的コミュニケーションはほぼ存在していなかった。しかし、この枠組みは変化しつつある。5章と6章で扱った裁判員制度や、5章のコラムで扱った討論型世論調査にも、専門家への委任から市民参加という同様の潮流を見ることができるだろう。日本の科学技術コミュニケーションは、2010年6月の内閣府による基本的取組方針『「国民との科学・技術対話」の推進について』で大きな転換点を迎えた。3000万円以上の公的研究費を受けた研究者に対し、出前授業や講演などの対話活動に取り組むように、強く推奨したのである。

　この新たな状況の中で、限られた資源を研究活動と対話活動にどう配分するか、というジレンマが研究者に生じる。研究者には、専門知を社会と共有するという規範も根強く残っている。とはいえやはりその本分は研究であり、対話活動に必要とされるコストは少ないものではない。そして研究者がこれまで顔を向けていたのは直接の資金配分者である国だ。対話活動の相手が直接、研究者の資金の配分やポストを決められるわけではない。価値と対価を交換する相手が間接的・不明瞭であれば、研究者の規範による下支えがあったとしても、そのコミュニケーションチャンネルはコスト増大に耐えられず、先細りしていくことは容易に想像できる。

ここで重要になってくるのが「対話」の文脈を拡大するという観点である。つまり研究者と市民が「わたしたち」という意識を持つような仕組みを支援することである。そのような取り組み例もすでにある。国際若年性糖尿病財団（JDRF）は患者親族が1970年に設立した団体である。治療に関する研究を助成し、そこで得られた研究成果の売却益でさらに研究助成を行う。また、別の例ではインターネットを用いて、関心を持った人々から小口の研究資金を大量に集めるクラウドファンディングも近年広がりつつある。このような新たなチャンネルは、ジレンマの先にある対話活動の拒否や形骸化を避け、専門知の生産に対する私たちの意識にも変化を及ぼす、一つの選択肢になるだろう。

第 8 章

実践のデザイン(3)
言語トラップから身を守るためのメタコミュニケーション

（電話のなる音）[1]

1. A： もしもし
2. B： （咳）とおる（不明瞭な発音）
3. A： もしもし？
4. B： あー。もしもし、とおる。
5. A： はい。
6. B： ごめんね
7. A： どないしたん？
8. B： あー。ちょっとさ。伝えなきゃいけないことがあってさ。（うん）。風邪、だいぶ、よくなってきてさ。
9. A： あー。かぜ、だいぶよくなってきたん？
10. B： あー。（ふーん）でも、病院は行こうと思っているんだけど。（うん）じつはさあ（うん）二年前の話なんだけど（うん）、知り合いが飲食店はじめたいって言っててえ。（うん）ずっと相談のってきたんだけど（うん）その知り合いが、店の売上から何パーセントかくれるって（うん）いう話を持ち掛けてきて（うん）、どうなるかわから

---

[1] 以下のトランスクリプション（談話の音声を文字に起こしたもの）は、文章で通常使われる漢字かな混じり文を使っている。文字化のルールは研究の目的によって違う。ここでは、読みやすいことを優先し、相手の相槌は一つのターンの中に括弧書きで挿入する形で示している。ターン中の数字は、沈黙の秒数である。沈黙は会話の進行における大きな要素であるので、トランスクリプションの中に秒数を示すことが多い。

ないからさ（うん）連帯保証人になってほしいって頼まれてさ（うん）、やっぱ連帯保証人こわいしね（うん）、飲食店なんてどうなるかわからない。（うーん）ずっとそう思って、断ってはいたんだけど。したらさあ、売り上げがあがったらお金もたまるじゃん。（うん）その話に乗っちゃってさ。保証人になっちゃった。（うん）でー、約束どおり半年間、（うん）、まあ、先方から売り上げももらってたんだけど、うん。毎月毎月、結構たまったし。

11. A： なんほぐらい
12. B： え？
13. A： どのくらい、もろうたん？
14. B： あーんと、500くらい。
15. A： 500万？
16. B： うん。結構たまってきたんだけど（うん）、その知り合いがさ（うん）、お金払えなくなって逃げちゃったみたいでさ（うん）。残った分の請求が（うん）全部こっちくるようになって（うん）金額も結構大きくてさ（うん）その、保証した金額も800万くらいなんだけど（うん）、あ、（うん）、それで、あと100万残ってんだけど（うん）、(2) そう、100万（うん）それで、払わなきゃいけないんだけど、保証人だから。
17. A： いくら、いくら払わないかんの？
18. B： 100万。
19. A： 100万払わないかんの？
20. B： そう。もういっこのほうは完済してるからさ（うん）、だから100万で大丈夫なんだけど、（うん）、今、弁護士の先生にも相談して（うん）でそれがほんとは昨日まででさ、自分もこんな体調だしさ（うん）、ちょっと誰にも言ってなかったっていうのも大きいのかもしれないけど（うん）、もうどうにもできなくて（うん）、お願いしたらさ（うん）、今日までっていうことで、話つけてもらったんだ（うん）。払う、払うって言ってたんだけどさ、ま、それすぎたら、

アウトでさ、強制的にさあ（うん）、法定手続っていうのを取られるって、通知が来ちゃってさあ（うん）、もう、朝からいろいろあって、サラ金行ってさ（うん）、まあ、100万いるんだけど、法定手続きだけは、100万でなんとかなるんだから、避けたいからさ（うん）、そう、こんな話なんだけど、朝からごめんね。

21. A： うん。
22. B： うん。そう。
23. A： それで、どないしたらいいんや。
24. B： うん。それで、どうしようかなっておもって（うん）サラ金、行こうかと思ってね。
25. A： うん。
26. B： で、おれ、サラ金行ったら、火だるまじゃん。
27. A： うん。
28. B： あとで、お金がどんどんなっていくしさ。（うん）そういう電話なんだけどさ。
29. A： うん。（2）それで、俺にどないしてほしいんや。
30. B： できたら立て替えてほしいけどさ。
31. A： うん。100万あったらいいのか。
32. B： うん。
33. A： うーん。
34. B： うーん。でも、やっぱ悪いしね。おれがやったことだから。
35. A： うーん。それはしゃあない。
36. B:： (2) うーん。
37. A： 100万くらいやったら。
38. B： だいじょぶ？（うん）ほんとに？ほーんと、ごめんね。

（4分22秒）

警視庁HP「あなたは見破れますか振り込め詐欺のテクニック」より
http://www.keishicho.metro.tokyo.jp/seian/koreisagi/hurikome_onsei/hurikomesagi.htm

オレオレ詐欺[注2]と呼ばれる近親者になりすまして窮状を訴え、金をだまし取る犯罪の2012年の被害総額は約105億円。認知件数は3634件[注3]にのぼっている。見ず知らずの他人に100万円を立て替えることに同意させるのにかかった時間はわずか4分22秒。詐欺と呼ばれる犯罪行為の言語テクニックのすごさを冒頭の例でも垣間見ることができるだろう。

　前章では、ハラスメントとジレンマ問題についてそこから脱却するための実践のデザインについて述べた。ハラスメントとジレンマの渦中にいる被害者は、自分の置かれている苦しい状況についてはっきり認知することができる。そのため、それに対抗する実践のデザインも、GPIOサイクルもあらかじめ考えることができる。しかし、この例の詐欺師のように「子どもを思う親心」のような暗黙の社会的な規範に付け込んで、相手の行動を言葉によって巧妙に操作する言語テクニックをもつ者が相手の場合には、自分が危ない状況に置かれていること自体が認知できないままに被害にあう、あるいは、うすうす気づいていても結果的に相手の思惑どおりにされてしまうということが起こる。GPIOサイクルは問題に気づくことがそもそもの出発点であるので、4分で勝負がつくような詐欺においては出番がない。

　本章では、詐欺師等が用いる自他の談話を管理して相手から自分の思惑どおりの発話を引き出す行為を「言語トラップ」と呼び、そこから抜け出す実践のデザインとして、自他の談話を俯瞰し、次元の高いところからコミュニケーションを行うメタコミュニケーションが有効であろうと理論的には考えられること、その実践形として

[注]2　警察庁は、2013年3月現在、偽りを述べて相手から金を引き出す詐欺を「振り込め詐欺」と総称している。ここでは、自分のアイデンティティを偽ることによる詐欺の例だけについて述べるので、旧来のこの手の詐欺の呼び名である「オレオレ詐欺」という名称を用いる。

[注]3　警視庁のサイトには、振り込め詐欺の下位分類として「オレオレ詐欺」を位置づけ、被害金額と認知件数が載せられている。

の再帰的な発話の使い方について述べる。

オレオレ詐欺の談話の構造

　ここに示した会話の音声は、警視庁のサイトからすでに消去されており、現在は聞くことができない。先に引用したサイトは常に更新をして最新の手口を紹介している。詐欺の手口を紹介する音声は、「実録」という被害者が自ら録音したものであろうと思われる雑音の多い会話音声と、「再現音声」というおそらく警察での被害者の調書に従って、やりとりを再現したと考えられる雑音のない会話音声がある。冒頭の例が再現か実録かは現在ではわからない。音声がクリアであるし、電話の呼び出し音を模した音が入っているので、再現の可能性もあるが、トランスクリプションを見てわかるように、あいづちが頻繁に入っていて、聞き返しや言いよどみがあるなど自然な会話のやりとりであること[4]、背後にテレビの音声のような雑音があることから、電話を受けた相手が録音した実録である可能性もある。本章では、冒頭の会話は実際の会話であると考えて分析を進める。

　詐欺は人をだまして利得を得ようとする犯罪であるから、どんなものでも卑劣な行為であるが、オレオレ詐欺は「親子の情」や「人に迷惑をかけない」といった日本の社会が永年大切にしてきた社会的規範や価値を利用して金をだまし取る、非常に反社会的で卑劣な犯罪である。犯罪が成り立つ過程を見ると、加害者が電話を通じた音声談話のみによって会話の進行を管理し、だまし、相手に金を振り込ませる犯罪であるので、談話管理的な犯罪であるともいえる。

---

[4] 2013年3月現在、前述の警視庁のサイトにあがっている「再現音声」とされる会話にはあいづちや聞き返しがほとんどなく、台本を演じていることがわかるような会話である。

```
┌─────────────────┐   ┌─────────────────┐   ┌─────────────────┐
│ 始め(開始部)     │   │ なか(主要部)     │   │ 終わり(終了部)   │
│・偽ID確立(1-7)   │   │・窮状に至る事情説明│   │・相手関与引き出し │
│・近況報告(8)     │ → │  (10-19)        │ → │  (23, 26)       │
│                 │   │・窮状の訴え(20)  │   │・窮状の訴え(24-28)│
│                 │   │・権威の登場(20)  │   │・要求(30)        │
│                 │   │・時間的制約の設定(20)│ │・同意(37)        │
│                 │   │                 │   │・謝罪(38)        │
└─────────────────┘   └─────────────────┘   └─────────────────┘
```

図1　オレオレ詐欺の談話の構造

　冒頭であげたオレオレ詐欺の談話の構造は図1のように記述できる。ここでいう談話の構造とは、AとBからなる会話を一つの談話（ひとまとまりの話）と見て、開始から終了までの成り立ちを見たものである。始め（開始部）、なか（主要部）、終わり（終了部）に分けてそれぞれの部分を構成する詐欺行為にとって主要な部分がどの部分にどのような順番で組み込まれているかを図1に示した。括弧内の数字は、発話番号である。ここに示したトランスクリプションは、警視庁のHPに公開された詐欺の顛末の冒頭部分だけを文字に起こしたものであるが、わずか4分22秒の会話の中に38のターンがあり、そのほとんどが自分の要求に相手を合意させるという目的に向かって無駄なく構造化されていることがわかる。そして電話を受けたAは一貫して、自ら罠に落ちていくように協力的である。順にみていく。

> **タスク8**　Aはターン37で100万円を立て替えることを承諾している。この承諾は唐突になされたものではなく、Aがこの会話の成立に対し、一貫して協力的な姿勢をとったうえでの決断であると考えられる。どのようにAが協力することによって、Bは話を進めやすくなっているか。いろいろなレベルでの協力が考えられる。近くの人と話し合って列挙してみよう。

始め（開始部）

　オレオレ詐欺の会話の冒頭部で一番大切なことは、図1で「偽IDの確立」として示した電話の相手に自分が近親者であると思いこませることである。トランスクリプションではよくわからないが、音声を聞くと、AもBも男性の声であり、Aは関西弁で話し、Bは標準語で話している。方言話者は、電話などで家族が方言で話しているときには、標準語で話していても、前章で紹介したコードスイッチング（言語変種の切り替え）をして、相手と同じ方言で話すものであると一般に考えられているので、この点は聞いていて不自然に感じる。しかし、録音音声では、Aがこの点を不審に思っている様子はない。

　ターン2でBは「とおる」と名乗っているが、不明瞭な発音で、相手に聞き返されている。ターン4の「とおる」も同じように不明瞭な発音だが、鼻が詰まったような咳混じりの音声なので、相手から「どないしたん？」という近況を聞く発話を引き出すことに成功している。Bが事前になりすます相手の名前を調べていたのかは不明だが、ターン8で「風邪だいぶよくなってきてさ」と言うのに対し、Aが「風邪、だいぶよくなってきたん？」と応じているところから、この会話以前にBが「とおる」として風邪をひいた旨の会話をしていたことがうかがわれる。そうでなければ、「とおる」と名乗る男を同定するやりとりや「どなたですか」等が名乗りの後で続くはずであるし、風邪をひいたということについても、「よくなってきた」ではなく、「風邪をひいちゃって」等の段階の言明があるのが自然だろう。ターン10で「でも病院には行こうと思っている」と近況を報告し、状態がよくないことを示唆している。

∴ なか（主要部）

　談話管理とは、談話を生成する当事者が会話の進行をお互いに管理していくことである。田窪行則[5]は、対話の際に前もって準備しておく共有（と想定される）知識を「談話の初期値」としている。「対話者は情報を提供するだけでなく、対話相手の言ったことや、自分の言ったことによって、作られた談話を管理していく必要がある」と述べ、このような調整をするものとしての話し手を談話管理者と呼び、談話管理には、「どれだけの要素を共通の経験として用意するか（初期値の設定）、登場要素の管理（代名詞、指示詞の管理運用）、共有知識の確認（相手の知識に関する想定の管理）、言葉の使用法に関するメタ言語的な確認等々がある」と述べている。

　この談話管理理論は、どのように会話（田窪は対話と記述）の中に出てきた知識を管理するかを見ることによって日本語の談話構造の特質を明らかにすることを目的としているので、実際のコミュニケーションの分析を行っているわけではない。しかし、この理論は「すべてを原則として話し手の視点のみから捉える」ものであるので、詐欺のような、自分の思惑に相手をはめていくような言語行為の構造の説明に対してあてはまりがよい。ここでは、この談話管理理論を使って、詐欺行為の主要部の談話の構造を見ていく。

　この談話の談話管理者は言うまでもなくBである。このBが管理する談話の主要部の目的は、「今日中に100万円の支払いが必要」であるということをAとのあいだで共有の知識とすることであると考えられる。むろん、この談話が始まるときに、Bが設定したAのこの問題についての知識の初期値の設定はゼロである。これは、「じつは」という、自分だけが知っている（と本人が思っている）内容

---

[5] 田窪行則　1990　「対話における知識管理について―対話モデルからみた日本語の特性」崎山理・佐藤昭裕（編）『アジアの諸言語と一般言語学』三省堂　pp. 837-845

について情報提供するときの副詞を使って「2年前の話」を始めていることからもわかる。主要部と終了部の談話管理を図にすると、図2のようになる。

・初期値の設定：
　知識なし
　　→「今日中に100万円の支払いが必要」という認識の共有がゴール

・登場要素の管理：
　終助詞「さ」による新規要素の提示
　終助詞「さあ」による重要な新規情報の強調

・共通知識の確認：
　終助詞「ね」による共感の要求
　形式名詞の縮約形＋接続詞「〜んだけど」による強調

・メタ言語的な確認：
　「そういう話なんだけど」、「こういう電話なんだけど」等メタ言語表現による自発話の総括

図2　Bの談話管理技法

「さ」は断定の終助詞であり、「だ」の代わりに主に男性が用いることが多い。この例では文節と文節のあいだに間投詞のように挿入されており、以下に列記するように「さ」あるいは「だ」でマークしたほとんどの文節ごとに新しい情報が取り入れられている。

ターン20の「さ」でマークされた文節の内容
・（借金は2件あり）、一つは完済している
・弁護士に相談したが、返済期限は昨日までである
・自分の体調もこんなだ（悪い）
・（弁護士に）お願いして返済は今日までということで話をつけてもらった

- それを過ぎたらアウト
- 強制的に
- 法定手続っていうのを取られる通知が来た
- サラ金に行った
- 法定手続きだけは100万円でなんとかなるので避けたい

　ターン20だけでも以上のように、事情説明に欠かせない情報が「さ」によってマークされ、これに誘発されるように、その直後にAが「うん」とあいづちを入れている。ターン20で最も重要な新規情報は、今日100万円を払えないと「強制的に」「法定手続き」が取られるという情報である。これらはいずれも「さ」を引き延ばした形の「さあ」という終助詞でマークされ、強調されている。そしてターン20の最後に「ごめんね」という形で終助詞「ね」を使い、謝罪の気持ちをAとのあいだで共有しようとしている。

終結部（おわり）

　終結部は詐欺行為の実行部分である要求と相手の承諾が行われる部分である。ターン20で登場要素を終助詞によって管理しながら、手際よく事情説明を終えたBはターン22で「うん。そう」とだけ言い、相手の反応を待ち、ターン23でAから「それで、どないしたらいいんや」という発話を引き出す。しかし、「立て替えてほしいけどさ」という要求はターン30までしない。自分がサラ金に行くなどの選択肢について語り、それだと「火だるま」になる、つまり借金がかさんでさらなる窮状に陥るということを話し、いままでのすべての話を総括して「そういう電話なんだけどさ」と言っている。このターン28がこの詐欺の談話のハイライトである。このターンには、「そういう電話（なのです）」といういままでの通話内容に言及する表現と、「なのです」を「んだけど」という自分の事情を

わかってほしいというマーカーとして、形式名詞「の」の縮約系「ん」＋逆説の接続詞「だけど」＋断定の終助詞「さ」の三つが用いられている。談話管理とは、先ほど述べたように談話の進行を管理することであるので、自分と相手の言ったことを俯瞰で見ながら相手がどのくらい理解したか、自分の意図にどの程度相手の気持ちが沿っているのかを見極めなければならない。ターン28の「そういう電話なんだけどさ」は全体を総括し、しかし要求はせずに自分の言ったことがわかったら、次のアクションを相手から確認してほしいというメッセージを伝えている。ターン29のAの発話「俺にどないしてほしいんや」の後、Bは、一気に100万円を立て替えることをAに同意させ、その同意を受けて謝罪するところまで会話を運んでいる。

言語トラップから身を守るために

▼オレオレ詐欺の言語トラップの汎用性

　詐欺は説得コミュニケーションの一つである。説得は、第2章で述べたように、「よく話し聞かせて相手に納得させること」であり、コミュニケーションの目的を話し手が一方的に決め、その目的が聞き手との相互作用によって変わらない言語行為である。詐欺は、その、相手に納得させる内容が事実と違い、そのことによって不正に利得を得ようとするところが犯罪なのであるが、詐欺の談話は説得の談話の一つであると考えられる。

　詐欺であってもなくても、説得において重要なのは相手の納得を得ることである。そのためには、相手に自分の話す内容を理解させ、自分の主張を受け入れるように誘導しなければならない。理解させる側面において冒頭の例のBが使ったのは、前項で見た談話管理である。そして、自分の要求を受け入れるように誘導するのに使ったのが、「親が子どもの失敗をかばう」という日本社会の慣習的な規

範であると考えられる。この規範がないところに「オレオレ詐欺」は成立しない。ターン34で「でも悪いしね。俺がしたことだから」と逡巡してみせるBに対し、Aは「それはしゃあない」と答える。そしてAはターン37で「100万円くらいなら」と自ら金額を提示して「立て替えてほしい」の要求に同意している。これまで何度も文脈のないところに意味は生じないことを述べたが、自分のしたことに自分が責任を取る自己責任の概念が浸透している社会であれば、「俺がしたこと」に責任を取るのは「俺」であって、「立て替えてほしい」の要求の意味さえ相手に通じさせることは困難だろう。親が子どもをかばうという規範のいわばバックアップとしてBが利用しているのが、法曹の権威である。Bはターン20で弁護士に支払期日を延ばしてもらい、今日中に払えば「法廷手続き」を回避できると訴えている。この法定手続きがなんであるのかはまったく不明であるが、おそらくは、「息子を犯罪者にしないために親が借金を立て替える」という文脈でBの立て替え要求は解釈され、Aが同意したのであろう。

　トラップとは、罠という意味である。罠は明示的であってはならない。はっきり罠だとわかるような仕掛けに成人がはまるはずがない。ここまで見てきたように、オレオレ詐欺の言語トラップは、談話管理による相手の初期知識の変容過程の管理（理解の側面）と、社会的規範を文脈とした要求と同意の会話連鎖（行動の側面）で成り立っている。このような仕掛けがあることは、分析してみればわかることだが、冒頭の会話を読んだだけではなぜAがあのように積極的にBの要求に応じていくのかわからないかもしれない。オレオレ詐欺の被害件数の多さはこの仕掛けのわかりにくさ、つまりトラップとしての巧妙さを物語っている。そして、このような言語トラップは、詐欺というはっきりした犯罪行為のみならず、警察や検察の強圧的な取り調べや、職場でのハラスメント、あるいは一般的な販売などにおいても用いられている可能性がある。では、相手の

意のままに誘導されないためにはどうすればいいのだろうか。

メタコミュニケーションのすすめ

　メタとは、ギリシャ語metaに由来し、「間に」あるいは「後に」を意味する接頭辞である[6]。「メタコミュニケーションの発話は談話の連続体における発話であると同時に談話についてのコメントである」とマイケル・スタッブスは述べている[7]。これはどういうことだろうか。ここで、コメントを述べるという言語行為について考えてみよう。

　コメントを述べるということについて考えると、コミュニケーションには、情報を運んでいく内容の次元と、内容を一段高い次元から俯瞰してみる次元があることに気づく。たとえば、友人の自慢話を聞いて、最初はなるほどと思って聞いていたのに、途中から「嘘くさい話だな」と思ったとする。このとき、私たちは、ここまで展開された友人の話の内容の全体をざっと上から見るように振り返っている。そしてこの全体を指して「嘘くさい」というコメントが心の中で作られる。この上から見る次元、本章の冒頭で述べた「一段高い次元」がメタコミュニケーションの次元である。そして、「嘘くさい」というコメントはそのまま表されるとは限らない。友人の話を聞きながら、「……て？」や、「今、……って言った？」のように尋ね、自分の理解を調整すること、あるいは、このように尋ねることによって、「嘘くさい」と感じている気持ちが相手に伝わり、相手が話の方向を変えることもメタコミュニケーションである。

　コミュニケーションは本来、人に何かを伝えることではなく、人と人とが言葉を交わすことによって、言葉を交わす前にはなかった

---

[6] 小学館（編）1993『日本大百科全書第22巻』小学館
[7] マイケル・スタッブス著 南出康世・内田聖二（訳）1989『談話分析―自然言語の社会言語学的分析』研究社出版

感情や思考が生じることである。通常は、コミュニケーションによって新たに生じた感情や思考が、どちらか一方の意図どおりであることはない。お互いのあいだに自由にいろいろな感情や思考が生じるので、自然に生じた会話のトランスクリプションは、断片的で首尾一貫した談話にならないので読みにくい。しかし、冒頭のトランスクリプションはかなりわかりやすかったのではないか。これは、コミュニケーションの結果生じた感情や思考が、談話管理者（詐欺師）が意図したとおりになっているので、一貫した談話になっているからである。そして多くの場合、Aがおそらくそうであるように、管理されている側はそのことに気づかない。あるいは、気づいていて、不快に思いながらもそこから抜け出すことができずに、結局は相手の意のままにされてしまう。したがって、少しでもおかしいと思うことがあれば、その場で口に出し、コミュニケーションの次元をメタレベルに引き上げることが大事である。

　前述の警視庁のサイトでは、おかしいと思ったら誰かに相談することを勧めている。警察に相談することも勧めている。しかし、相談は「こういうことがありました」と全体を俯瞰し、「困っている」とか「本当に息子からの電話なのかわからない」などとコメントすることなしに成立しない。したがって、相談するということは、メタコミュニケーションの次元のコミュニケーションを第三者と別の会話ですることなのである。しかし、第三者に相談するためには、かなり「おかしい」と思っていなくてはならない。さらに、コミュニケーションの内容についても時系列にそって説明できなければならない。こう考えると相談できるほどに事態を客観的に見られるくらいなら、トラップにはまっていないということもできるくらいである。うまく相談できなくても、「振り込む」という行為の前に時間を置くこと自体が詐欺師（談話管理者）の意図と違うことであるので、それだけでも効果はあるのかもしれない。しかし、振り込みに同意したうえで振り込まなければ詐欺師はさらに追い打ちをかけ

てくるだろう。身の危険を感じたら警察等に相談するのが一番いい。警察は犯罪のプロであるからうまく相談できなくてもこちらの意図を理解して適切なアドバイスをするだろう。しかし、一番いいのは、トラップにはまらないことである。では、言語トラップを駆使する談話管理者とどのようにメタコミュニケーションをとればいいのか。冒頭の談話例で具体的に検討してみよう。

❖ Aはどう言えばよかったのか

　冒頭の会話例で「払う」という言葉が初めて登場するのがターン16である。この時点でAはこういうことを親である自分に言うのは自分に支払いを要求してくるのだろうという予測はあるだろう。警視庁のサイトでは、偽のIDを騙られる可能性のある近親者とのあいだで「合言葉」を決めておき、おかしいと思ったら、この合言葉を言うように電話の相手に要求することを提唱している。これは、相手に自分のアイデンティティ（自己同一性。自分が自分であること）を証明するように求める行為であり、いま交わしている会話の内容の次元とは違う、メタコミュニケーションの次元の会話を唐突に始めることを意味する。この方法は被害の予防に非常に有効であるが、かなり難しいかもしれない。話の流れとまったく違うことを言い出すのは心理的な負荷がかかるうえに、その内容がアイデンティティの証明要求であればなおさらである。当然のことであるが近親者と合言葉を決めていない場合にはこの方法は使えない。

　ターン17でAは、「いくら？いくら払わないかんの？」とターン16の内容を吟味するのではなく、先の展開を要求することを言っている。日本語の会話では主語を明示しないことが多いのでAも「お前が払わないかんの？」とは言わない。「払う」という言葉を自ら言ったところで「今日中に100万円の支払いが必要という共通認識をAとBが共有する」というBの目的の達成に貢献してしまってい

る。このように考えると、ターン17でAがするべきなのは、Bの発話の確認である。Aのターン16の発話の最後の言葉「保証人だから」を繰り返すとか、「保証人って？」と相手の言葉を引用して聞き返すなど相手の言葉に帰っていくような再帰的な発話をし、話の確認をしていくことによって、図2で示した談話管理技法の中の「登場要素の管理」をAが行うことができる。

　ターン20はこの詐欺の談話において一番大切なターンである。Bは「法定手続き」という言葉を出して、前述のAの規範に訴え、金を要求する前提を構築している。「法定手続きだけは、100万でなんとかなるんだから、避けたいからさ」というBに対し、Aはターン23で「それでどないしたらいいんや」と言い、Bの「立て替えてほしい」という詐欺行為において最も重要な発話を引き出してしまっている。ここにおいて談話管理の主導権は完全にBに握られてしまっているのである。もし、Aが「法定手続きって？」と聞き返し、会話の登場要素の管理を行い、要素を確認していけば、これが詐欺であることに気づきやすくなっただろう。

◈ 全体を俯瞰し、調整する言語技術をもつ

　建築物を作るときには模型を作る。これは全体を縮小して視野に収まるサイズにして把握するためである。会話においてはこのような全体像の把握はできない。発話が連鎖したものが会話であり、発話は生成されたそばから消えていくから、建築物の模型のようにその全体像を一瞥することはできない。前項の「嘘くさい話」で「全体像」と言うのはあくまでも聞き手の理解表象（イメージ）の全体であって、会話そのものではない。会話においては一瞥によって全体像を俯瞰する代わりに、発話連鎖の中にメタ次元の発話を入れることによって、つまり「話の流れ」という現在話し合っていることと異なる次元の話題を持ち込むことによって、遂次的に部分的に話

の流れを管理する。少しでも「わからない」とか「嘘くさい」と思ったら、メタコミュニケーションの実践形としての聞き返しなどの再帰的な発話、「…って？」や「…って言った？」のような発話をしてみるというシンプルな言語技術は、相手の談話管理から逃れる実践のデザインの表現形となるであろう。これは、メタ言語理論から考えて妥当な結論のように思われるが、聞き手が相手の話を半信半疑な状態で、これらの技術をどのように会話の中で使うことが言語トラップから身を守ることにつながるのかは、今後さらに実証的な研究が必要である。

　ここで紹介したメタコミュニケーションは、突然やってくる言語トラップつまり、相手に談話が管理されて、相手の意のままにされてしまうことから、談話管理の主導権を取り戻すための修正のサイクルであるとも考えられる。いままでのサイクルが前もって考えておける意識的なサイクルであったのに対し、メタコミュニケーションによる修正は半ば無意識的な反応によって行われる。無意識的な反応が、修正として機能するためには、訓練が必要である。聞きたいと思ったこと、怪しいと思ったこと、興味をもったことを聞き流さずに質問する。そして、自分の質問と相手の答えを会話をしながら吟味していく、そのようなメタコミュニケーション力が相手の攻撃から身を守ることにもつながるし、問題に対する新たな洞察にもつながっていくだろう。

> **課題 8**
>
> 「…って？」のような相手の発話を引用して質問をするメタコミュニケーションには、相手の思考や感情、ひいては問題意識なども再定義する働きがあると考えられる。一つは、聞き手に質問されて、話し手が説明しようと試みるからであるが、もう一つはなんだろうか。相互作用という観点から考えてみよう。また、この働きを検証するとしたら、どのような方法が考えられるかについても話し合ってみよう。

第 9 章

考察のデザイン
疑心暗鬼の後で

　疑心暗鬼を生ず。
　いま、この命題に対して二つの問いを立ててみる。一つは、「人に対して疑いの心が兆したとき、それが鬼のようなものにならない方法はあるのだろうか」という問いである。もう一つは、「心の中に生まれた鬼のようなものは、仏のようなものに変わることはあるのだろうか」という問いである。
　心の中に暗い鬼を住まわせておくのは苦しいことだろう。疑いの心を向けた相手だけでなく、周囲の人々にも疑いを向けるようになるかもしれない。猜疑心が募り、周囲から孤立すると自分自身さえ信じられなくなることもあるだろう。こうなると、疑いの心をもっている者同士でその原因について話し合っても無駄である。話すことは「離す」ことであり、互いの違いが明らかになることである。平時においては、互いの違いが明らかになる話し合いは、健全なチェック機能が働いたり、いままでにはなかった考えが生まれるなどの創発のきっかけになったりするメリットがあるが、互いに信じられないと思っている者同士が、話し合うことによって違いが明らかになると、それが裏切りのサインのように思えてしまうこともある。だからこそ、「暗鬼を生ず」前の段階で疑心を管理することが必要になる。
　コミュニケーションデザインは「疑心を管理する」課題が集団の意思決定に関わるものである場合については答えを用意できる可能

性がある。第5章、第6章で紹介した裁判員裁判の評議デザインは、「検察の疑い」を合理的に評価し、正当でかつ信頼される結論を導く試みである。第4章で紹介した付箋紙法による話し合いと対応分析による課題布置の可視化のデザインは、「成員間の疑いの心」を「組織へのコメント」という形に変えて表現し、そのコメント間の対応構造を見ることで集団としての疑いの心を客体化しようとした試みといえるだろう。

しかし、後者の問い、キリスト教でいう回心のような個人の心の動きに対してコミュニケーションデザインができることはないだろう。心が変化することを目指したコミュニケーションデザインは、マインドコントロールのような領域にはあるかもしれないが、本書が扱うものではない。本書が扱うコミュニケーションデザインは、ものの見方が違う成員間の見方の違いを可視化することによって問題を把握可能な課題に転換し、解決の道筋を描くことを目指している。もし成員の心の中に鬼がいるなら、集団としての心の動きの中の鬼の在りかを明かす試みであって、鬼を仏に変える試みではない。

このようなコミュニケーションデザインにとって、考察のデザイン、つまり、「目的は達成されたか」を考察するデザインとは、どのようなものであろうか。目的によっては、達成されたかを評価するための特別なデザインを必要としないものもあるだろう。第7章、第8章で取り上げたハラスメントや詐欺から身を守るためのデザインなどは、達成されたかどうかが、主に個人の受け止めにかかっているので評価のための特別なデザインは必要としない。集団としての意思決定の問題にしても、目的の設定自体に何か客観的に評価可能なものが含まれていれば特別なデザインは必要ない。

しかし、第4章で取り上げた「疑心暗鬼」を解消することを目的としたデザインなどの場合には、結果を評価するデザインが必要である。第4章で「疑心暗鬼」の状態とは、周囲と自分とが、相互行為としての意味を共有できない状態であると書いた。掛川市の「地

域健康医療支援センター」の開設を前に、地域包括ケアシステムに関わる専門家たちは、このシステムの文字通りの意味が、「多職種連携で地域を活性化しながら専門家と住民の力で在宅医療と介護が実現できるシステム」であるとわかっていた。しかし、「自分たちがお互いに関係しあうネットワークの中で何をすることが地域包括ケアシステムを構築することになるのか」という、自分たちのあいだの相互行為における「地域包括ケアシステム」の意味を構築できていなかった。このような状態で「何をするか」を話し合っても議論が百出してまとまらないし、前提が違うので、「なんでそんなことを言うのか」、「なにか別な思惑があるのではないか」という疑念がわき出てしまう。そこで第4章で書いたような、付箋紙法を使った、自分たちが互いに何が課題だと思っているのかを可視化するワークショップをし、その後、付箋紙に書かれたコメントに対応分析をして、課題の布置の可視化を行い、HPで公開した。その後、この地域健康医療支援センターに関わる6事業の人々の互いを見る見方が変わったのかを、センター開設から18か月たった時点で検証することとした。本章ではこれを疑心暗鬼の後の考察のデザインと呼び、次項以降で検証の概略を示す。

❖ 1年後の「ふくしあ」（地域健康医療支援センター）

2月の朝早くから、かつて保育園だった施設は、大勢の高齢者でにぎわっていた。1階の廊下には、高齢者のグループが主催する様々な地域活動のポスターが展示され、会議室では、車いすとして公道を走行できる自転車型の介護予防車両[1]の試乗会が開かれ、多

---

[1] ヤマハモーターエンジニアリング（株）が開発した四輪アシスト自転車型の介護予防車両（らいふ・ウォーカー）。時速6キロ以下に制御され、車いすとして歩道を走ることができる。自力での歩行がやや困難になった高齢者が自転車をこぐことにより脚力を維持しながら安全に移動できる目的で開発された。この車両の導入にどのような効果が考えられるのかについて西條研究室で2008年から科学研究費補

くの高齢者や介護関係者、議員などが新しい乗り物を試したり、ポスターの前で話しこんだりしていた。2階では、ヨガ教室や認知症に関する啓発活動が行われ、お汁粉や豚汁なども売られ、掛川市と袋井市が合同で設立する新病院の模型の前で家族連れが談笑していた。第4章で紹介した「意見交換会」を市役所側で担当した職員もこの日は笑顔だった。2012年2月のこの日、市役所、地域包括支援センター、社会福祉協議会、訪問看護ステーションの4事業の担当者が入居し、これに、介護支援専門員連絡協議会と市民病院が協力する掛川市の「地域健康医療支援センター」の第一号センターは、「東部ふくしあ」という名前で開所1周年の記念行事が行われていた。招待された私たちはその場で「東部ふくしあ」設立1年後の意見交換会を申し入れた。初回の意見交換会で、次回開催への協力を呼びかけていたこともあり、市役所が6事業に声をかけて、この2か月後に第二回意見交換会が開かれることになった。

第4章で紹介した6事業を集めた初回の意見交換会の実施日からちょうど2年後の2012年4月27日、私たちは、掛川市の東部ふくしあで第二回の意見交換会を実施した。初回と同じ手法の付箋紙法による「自己コメント」、「他者コメント」の書き出しとそれを見ながらの意見交換というワークショップを中心に会を構成した。表1に当日の進行を示す。

「ふくしあ」という掛川市独自の地域包括ケアシステムは、この日までに、3か所開設されている。第一号の東部ふくしあ（開設から18か月）、第二号の南部大須賀ふくしあ（同6か月）、第三号の南部大東ふくしあ（同2か月）である。掛川市は、市内5か所にこの

助金を受けて研究を行っている。車両については、松本智仁・鈴木修一・市川誠・池谷吉紀・伊藤智一・岩口倫宙　2012　『介護予防型車両「らいふ・ウォーカー」の開発』Yamaha Mot Tech Rev, 48: 4-7 を、研究については、川本思心・渡邉万記子・西條美紀　2012　「高齢者が利用する移動手段に潜在する課題—身体状態に適した電動アシスト自転車普及のための基礎調査」『日本心理学会第76回大会論文集』1194 も参照。

システムを整備する計画であるため、第二回意見交換会の開催日においては、予定の半分以上のふくしあが設置されていることになる。2010年4月の第一回当時と比べると、意見交換会の参加者たちは、地域包括ケアシステムがどんなものであるのかを業務として実感できるようになっていることが予想された。

表1　掛川市地域健康医療支援センター意見交換会（2012/4/27実施）進行表

時間	内容
13:30-13:35	開会挨拶：齋藤善久（掛川市役所 健康福祉部　部長）
13:35-14:15	グループワーク1「6事業の課題」 （東部ふくしあについては当該メンバーの仕事内容となる。入居メンバーでない病院・ケアマネ連絡協議会についても記入） 青色の付箋に自分の所属する事業についての自己コメントを記入 赤色の付箋に自分以外の事業についてコメントを記入 各事業別に画用紙に付箋を貼る（付箋に○○よりと入れる）
14:15-14:30	ホワイトボードに事業別画用紙を貼り、司会が紹介
14:30-14:45	開所時の意見交換会ふりかえり報告（東工大　川本）（お茶の時間） 一年前の「6事業の課題」をふりかえって
14:45-15:10	意見の共有・議論・質疑応答 （変わったこと・変わらなかったこと・予想外のこと：既設ふくしあ予想されること：これからのふくしあ）
15:10-15:20	東部ふくしあ1年の成果と今後の課題：松下きみ子（市役所 健康福祉部 係長）
15:20-15:30	閉会挨拶・連絡事項・アンケートの記入 今回意見交換会の報告方法について

＊役職はいずれも当時。

考察のデザインの目的

私たちは第4章で紹介した第一回の意見交換会において、6事業のあいだで相互の問題意識について、どの事業間は近くて、どの事業間は遠いのかを表す図を示した。今回の考察のデザインの目的は、ふくしあの設立の前と後で6事業の課題のありかたが変化したのかを見ることにおいた。仮説としては、ふくしあ設立後の第二回の意

見交換会では、第一回に比べて以下の二点において変化しているだろうと考えた。

① 6事業の問題点よりも、地域包括ケアの具体的な問題を指摘するだろう
② 6事業間の問題意識が近くなっているだろう

これらの仮説の検討のために、初回でも行ったグループワーク1「6事業の課題」を前回と同様の手続きで実施し、そこで集めた付箋の分析をすることとした。

> **タスク9**　6事業主体のあいだの「疑心暗鬼は解消されたのか」という問題と上記の二つの仮説はどのように関係しているだろうか。近くの人と話し合ってみよう。

参加者

第一回、第二回ともに、6事業から29人が参加した。参加者29人中[2]、17人がすでに開設されているふくしあのメンバーであった。残りの12人はふくしあには参加しない市立病院とケアマネ連絡協議会の職員と、これから開設されるふくしあに入居する予定の地域包括支援センター、社会福祉協議会、市役所の職員だった。先に述べたように、ふくしあという建物に入居する事業は四つであるが、掛川市の地域包括ケアシステムは、6事業の多職種連携を前提として構築されている。したがって、6事業すべての構成員を対象に意

---

[2] 6事業の人数の内訳は、市役所10、包括支援センター8、社会福祉協議会4、訪問看護ステーション2、病院4、ケアマネジャー連絡協議会1であった。

見交換会を実施した。この参加者を5テーブルに配席した。これらの点も前回と同様である。

分析の材料と方法

ワークショップの時間は、両方とも120分であり、付箋紙法を用いて行った「6事業の課題」のグループワークに費やした時間は、両回ともに35分であった。この時間に書かれた付箋の数は、第一回が220であったのに対し、第二回は314であった。この合計534枚の付箋紙に書かれたコメントについて、「それが何の課題に言及しているのか」という観点で分類表を作成し、それに基づき分類した[3]。

第一回と第二回のコメントを比較するため、コメントの分類は同一の基準で行う必要がある。そのため、合計534枚のコメントを37のカテゴリーに分類した。このカテゴリーは、おおむね第4章で紹介したカテゴリーと同様であるが、コメントの数が少ないカテゴリーを中心に複数のカテゴリーをまとめたものを作成した。たとえば、「制度」というカテゴリーには、第一回意見交換時のカテゴリーの「制度不備」「料金」「予算」のカテゴリーが含まれる。「利用者対応」には、第一回時の対利用者の「相談」「親しみやすさ」が含まれている。コメントのうち文意が不明なものは分析から除外した。その結果、第一回は214、第二回は307コメントで合計521コメントが分析の対象となった。

前回と同様にコメントは、○○から○○へという形でどの組織から、どの組織へのコメントであるかを明示して書いている。「6事業

---

[3] コメントの分類と分析にあたっては、東京理科大学の博士後期課程学生の渡邉万記子氏がコメントをエクセル等に整理し、北海道大学特任講師の川本思心氏、東北学院大学准教授の鈴木努氏と私とでコメントを分類する作業をした。コメントの対応分析は鈴木氏が行った。

の課題」のグループワークを進めるうえでの前回との大きな相違は、「課題ということだが、よい点も指摘してよいのか」という質問が付箋紙にコメントを記入しながら出たことである。これに対しては、「よい点と思うコメントに対しては星印をつけてください」と指示した。

結果

▼① 6事業の問題点よりも地域包括ケアの具体的な問題を指摘しているか

　図1に第一回と第二回の「6事業の課題」ワークショップのコメント割合を示す。ここで100％としているのは、各カテゴリーに分類したコメント総数である。たとえば、「制度」に分類したコメントは、第一回が9で第二回が8であるので、合計17のうちのコメント割合は、52％と48％となる[注4]。各カテゴリーのコメント数に違いがあり、もともと少ない数のコメントしかないものもあるので、増減割合がそのまま全体傾向を反映しているとは言えないが、顕著に増えたものは、「地域連携」「利用者対応」という6事業以外の、地域包括ケアの受け手やいわゆるインフォーマルといわれる専門家以外の地域サービスの担い手に対するコメントである。「患者」「退院支援」「在宅」「困難事例」「交通」という、ふくしあが提供する具体的なサービスに関連する内容のコメントも増えている。「複雑」「スピード」「有効性」といった業務の質に対するコメントも増えている。あまり変化がないものは、「制度」「組織間連携」「組織内連携」「人員不足」「多忙」「不在」に関するものであり、表2に示すように、肯定的なコメントも関連して出ているが、これらの問題が今後もふくしあという組織の中心的な課題であり続けるだろうということが予想できる。

注4　非コードは、付箋紙に書かれたコメントのうち、文意が不明という理由で分類できなかったコメントであり、総数は13である。

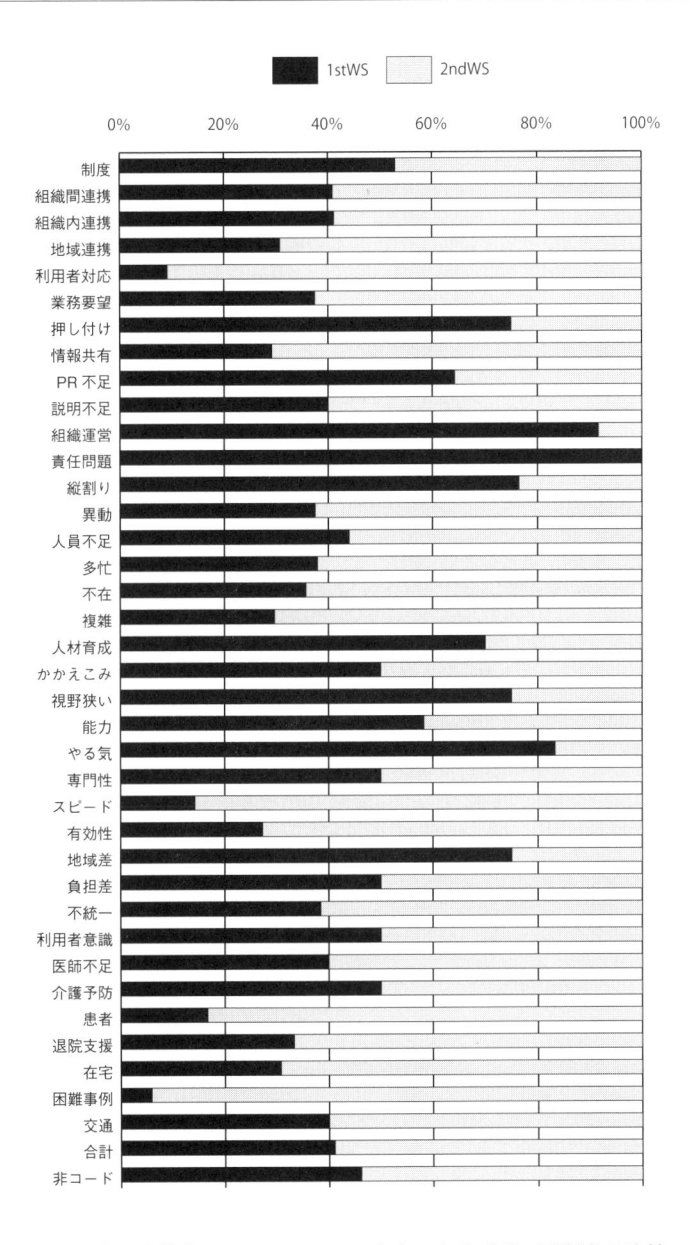

図1 意見交換会におけるコメント表出のカテゴリー別割合の比較

先に述べたように、第二回意見交換会においてだけ参加者は「よいコメント」という形で肯定的なコメントを出した。総数は76であった。表2にその例を示す。連携しやすくなったという、自分たちの組織のありかたに関わる利点と、困難事例への踏み込みのように、利用者にとっての利点をあげているものがある。

　これらのことから、6事業は、ふくしあの設立後にあっては、互いの業務遂行に関し、業務体制や態度に反発するコメントよりも、地域包括ケアというサービスの質や、具体的な課題についてより多く指摘したことがわかる。

表2　「よいコメント」として参加者がマークしたコメント例

病院	→	ケアマネ	家族・利用者の相談者になる
行政	→	ケアマネ	ケースのお宅のサポートが充実している
包括	→	ケアマネ	予防プランや暫定でも対応してくれるところが増えて助かってます
包括	→	ケアマネ	その後の情報をいただけて助かります（家族を含め）
行政	→	ケアマネ	困難事例への踏み込み
行政	→	行政	連携の確立
社協	→	行政	不在時にもかわりに対応してくださりありがたい
社協	→	行政	情報共有がしやすくなり助かっている
包括	→	行政	他の係と連絡がとりにくかったが連絡がとりやすくなった
行政	→	行政	どんな相談でも対応する

▼② 6事業の問題意識は近くなっているか

　図2に第二回意見交換会のコメントについて第4章と同様の方法で対応分析を行った結果を示す。この図から、訪問看護ステーション以外の事業の問題意識はかなり近づいていることがわかる。原点近くの6事業共通の課題は、先に指摘した「組織運営」「情報共有」「組織内連携」という第一回でも共通の課題とされた内容であるが、「困難事例」「介護予防」といった具体的なケアの内容に関わる問題も共通の問題意識としてあがっていることがわかる。

　訪問看護ステーションについては、この事業からの参加者が指摘した問題がすべて自分の組織についての問題であり、他の事業へのコメントは一件もなかった。「常勤職員が3名で時間外対応に負担が大きい」「訪問看護計画がなかなか立てられない」「訪問看護　存在を知ってもらえていない　住民　ケアマネに」「基準（マニュアル）が確立されていない」「在宅での看取り」「医師とのスムーズな連携」「家族指導」「人材確保」「経営がきびしい」など、どれも訪問看護ステーションのみでは解決が難しい問題である。訪問看護ステーションは、第一回意見交換会での問題指摘の自己コメント割合は44.8％であるので、前回よりも問題意識が内向きになっている可能性もある。地域包括ケアの中核をなす事業であるだけに、この事業をどのように他が支えるかがこれからの課題であることが示唆された。

第2回コメント元

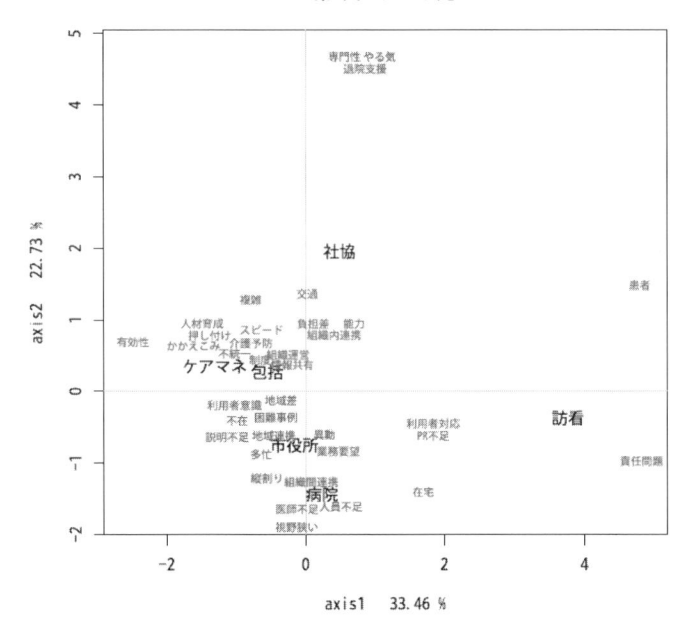

図2　第二回意見交換会での問題の指摘関係

❖ 地域包括ケアシステムの新たな目標設定のために

　ふくしあ設立前後に開催した意見交換会での付箋紙法による二つのワークショップの分析にあたり、ふくしあができることによって、①6事業の問題よりも地域包括ケアシステムの具体的な問題の指摘が増えるだろう②6事業の問題意識は共通してくるだろう、という二つの仮説を提示した。

　前者についてはおおむね支持され、後者については、訪問看護ステーションの問題意識は離れているという結果を得た。6事業は、お互いをよく知らないことからくる「疑心暗鬼」の状態を脱し、地域包括ケアという公共的なサービスの担い手としての意識を全体と

してはもつようになったが、訪問看護という在宅ケアの中核をにな
う民間事業の統合には問題がありそうであることも示唆された。先
に述べたように、訪問看護ステーションからの出席者は2名のみで
あり、この2名がこの組織を代表しているわけではない。しかし、
地域包括ケアが理念ではなく、多職種連携による民間の力を組み込
んだ具体的な地域サービス事業として成り立っていくためには、「患
者」「退院支援」「在宅」「困難事例」「交通」という、ふくしあ設立
後の具体的な問題にどのように、サービス主体として取り組んでい
くのかという戦略が必要であろう。そのように考えると、地域包括
ケアのソーシャルビジネス化を目的（G）とした新たなGPIOサイ
クルが必要になるかもしれない。

　考察のデザインは、組織のありかたの変化に関わるものであれば、
明示的なデザインを行って、結果を分析する必要があることを述べ
た。「ふくしあ」の場合がまさにこれにあたると考えて、考察のた
めの仮説をたて、意見交換会のコメントの分析を行った。このよう
な付箋紙法という話し合い技法と、そこで収集したデータの量的・
質的分析という組み合わせは、コミュニケーションデザインの考察
のデザインとして、他の問題領域でも応用できるものであろう。

> **課題9**
>
> 本章では、「二回の意見交換会の開催とそこで出た意見の分析による組織の課題布置の可視化」という考察のデザインを行うことによって、組織の変化をある程度客観的に見ることができることを示した。しかし、このデザインが実現するためには、いくつかそろえるべき条件がある。一つは意見交換会を開催する主催者の強い意志である。ほかにどんなものがあるか考えてみよう。

第10章

わたしのコミュニケーションデザイン
問題解決のためのデザインタスク

　問題と対峙するとき、人は必ずなんらかの視点から問題を見る。本人の意識としては、視点を「選ぶ」というほどには意識的ではないことも多いが、いろいろな見方の中から一つを選択して問題を見ている。コミュニケーションデザインは、この選択をもっと意識的にし、かつ、ストローのように小さい穴から見るのではなく、問題の全体像を俯瞰するべく、デザインを行おうとする人が問題の中から課題を抽出し、課題の目的を設定する視点から、目的―計画―実践―考察のサイクルを経て新たな視点を獲得して問題を見ようとする考え方である。

　この文章は本書のまえがきに記した文章であるが、この章まで辿り着いた読者は各章で展開された事例分析を読んだ後にこの文章を読んで、受ける印象が変わっただろうか。それとも変わらなかっただろうか。第1章から第6章までを読んでいるときには、このようないまの日本で最も話題となっている問題群のコミュニケーションデザインと自分との関わりがピンとこなかったかもしれない。第7章を読んだときには、ハラスメントやジレンマの問題に自分が直面した際には、そこから逃れるための戦略としてGPIOサイクルやスピーチスタイルシフトを使ってみようと思ったかもしれない。また、第8章の詐欺師の言語トラップを読んだときには、詐欺師の談話管理のテクニックとコミュニケーションデザインという概念の親和性に気づいたかもしれない。コミュニケーションを目的の視点から見

るということの中には、相手を自分の思惑の中に引き入れるということが含まれる。だからこそ、その目的が利己的なものであってはならない。問題解決を目指して「誰にどうなってほしいか」ということを考える人間は、社会的な規範を尊重しなければならない。もちろん自分では利他的であると思っている計画でも人から見れば利己的に思えることもある。利己的な計画が最終的に人の利益になることもある。コミュニケーションは相互作用であるから、どんな場合に何をすることが利己的なのか、利他的なのかをあらかじめ「場合分け」してもあまり意味がない。つまりは、最初から明らかに自分の利益にしかならない目的のためにコミュニケーションデザインをしてはならないということである。利己的なデザインは人の協力を得られないばかりではなく、自分を孤立させることになりかねない。時として反社会的でもあるということは、詐欺師の例を見ればわかるだろう。

　どんな概念であれ、知っているだけでは身につかない。事例を読んでわかったような気がしても、それだけではやがて忘れてしまい、自分のものにならない。まして人々の問題は千差万別であり、コミュニケーションのありようは変幻自在である。本章では、コミュニケーションデザインという概念を自分のものとして、自分の問題に役立てるためのタスクを紹介する。他の章のタスクと同じように、ひとりで読む読者は自分の頭の中で考え、クラスなど集団で読む読者は周りの人と話し合いながら進めてほしい。

❖ タスクの構成と実施方法

　本章を筆者と読者とのあいだでコミュニケーションデザインを行う章と考え、本章のタスクのGPIOサイクルを示すと以下のようになる。

目的 (G)	自分（読者）が属する組織（職場、学校、家庭、地域社会など）の問題解決の道筋をコミュニケーションデザインを通じて見出す
計画 (P)	読者が問題から課題を抽出してGPIOサイクルを記述し、その結果について洞察する
実践 (I)	問題解決の道筋発見のための7ステップを実施する ①自分が組織をどう見ているか、組織からどう見られているかをコメントマップ作成により把握→発表・クラス討論 ②コメントマップで把握した関係性に基づいて問題の概要を記述 ③問題から課題を抽出し、目的を設定する ④抽出課題のGPIOサイクルを作成 ⑤実践のデザインとしての参加のフォーマットを記述 ⑥サイクル実施後どのような結果が得られそうかについて考察 ⑦②—⑥について発表・クラス討論し他者のコメントを考察に反映
考察 (O)	①—⑦までを経て書いた問題解決の道筋が首尾一貫性のあるストーリーになったか

問題解決の道筋を見出す実践のデザイン：7ステップで可視化

　自分の問題をGPIOで整理するときに一番難しい問題が、課題の抽出と目的の設定である。本章で紹介した第1章から第6章までで扱った問題は、公共的な問題であり、その事例の中のコミュニケーションデザインのほとんどが、課題と目的の設定がすでに社会的な状況の中でかなりの程度方向付けられている問題であった。方向付けがある公共的な問題の個別の文脈における問題について課題を抽出することと、個人、ましてや自分の問題について課題を抽出することはかなり異なることである。「わたしの問題」を「わたし」が分析することが難しいのは、問題を客観的に把握することが難しいからということ以上に、その問題の文脈を形成する自分の周りの人間関係への期待や反発など感情的な反応と、組織の中における自分の布置という知性的な把握とが切り離しにくいからである。その難しさを軽減するために行うのが、以下に述べる実践のデザインの実践形としての7ステップである。

①コメントマップ作成

　これは、二種類の付箋紙（ここでは青と赤）を使って行う。青の付箋紙には、自分が所属する組織の中の誰かに向けて自分はこう思っているというコメントを書く。これが、自分が把握している組織の問題点である。赤の付箋紙には、誰かから自分はこう思われているだろうというコメントを書く。これは、普段あまり意識にのぼることがない組織の中での自分の評判や評価である。自分の問題意識や自分への評価は、抽象的に考えていたのではなかなか具体的な像を結ばない。したがって、付箋紙を書く際には必ず、誰から（差出人）誰へ（宛先）が明確になるように書く。たとえば、図1のような形で書いていく。「他者コメント」は自分が誰かに宛てるもの

であるので、宛先を書く。ここでは、「S課長へ」である。自己へのコメントは、宛先はすべて自分であるので、書く必要はないが、誰からもらうコメントであるのかを示す差出人を書く。ここでは「M部長」が差出人として想定されている。

　そして付箋紙1枚に一つのコメントを思いつくままに書いていく。書くときにあまり逡巡せず、直感的に書く。コメントがある程度の数になったら、それぞれ似たような付箋紙を集めて島を作り、その島に分類したコメントが代表している内容についての見出しをつける。赤と青の付箋を混ぜてもいいし、別々に島にしてもいいだろう。このあたりの作業も直感的にする。大切なのは、すべてのコメントが一覧できるようにすることである。模造紙等で整理してもよいし、付箋紙を書くところからデジタルで行い、PC画面上で展開してもいいだろう。コメントマップができたら、それを見せながら発表し、人からコメントをもらう。

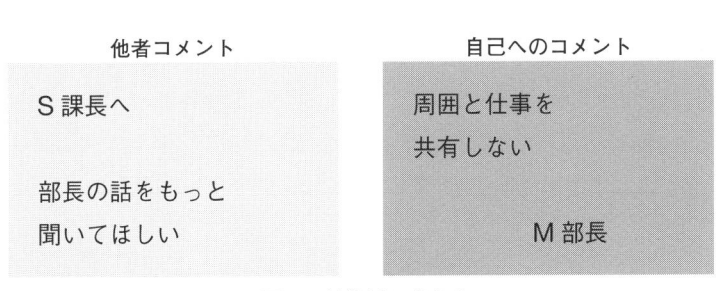

他者コメント	自己へのコメント
S課長へ	周囲と仕事を共有しない
部長の話をもっと聞いてほしい	M部長

図1　付箋紙の書き方

②問題概要の記述

　コメントマップを書き、それを発表してみる（ひとりで行う場合には見直してみる）と、自分を中心とした周囲の人々の考えと自分の考えについての自分自身の解釈のチャンク（かたまり）を見ることができる。

次に自分の組織の問題概要を記述する。記述の際には、まず、その組織が何のために何をするところなのかが第三者にわかるように、組織の概要を書き、その次に、自分にとっての組織の問題をこのチャンクを網羅しつつ、一貫したストーリーになるように組み立てていく。会社などの場合には、組織の概要は、会社のHPや定款などを見て書くほうが、第三者に伝わりやすい文章になる。問題概要の記述というと、「部署が縦割りで相互にコミュニケーションがない」とか「人手不足で仕事に余裕がない」などのステレオタイプな記述に終始しがちであるが、コメントマップを経てこの作業をすることによって、自分にとっての組織の問題をリアルな言葉で再構成することができる。

③問題から課題を抽出し目的を設定

　組織概要と自分にとっての組織の問題の記述を読んで考えるべきは、問題解決の優先順位である。多くの問題は入れ子構造になっていて、単独の問題を取り出すことは難しいことが多いが、自分がいま、問題だと思っていること、あるいは苦しんでいること（第7章で見たように自分だけで解決が困難なことが多い）に影響のあることについて、それが解決された姿をイメージできるなら、それは課題となりうる問題である。そのような課題が見つかったら、2、3行で記してみる。課題を書き表したら、その文章と組織概要の文章を見比べる。両者に接点がまったくないのであれば、その課題は組織の業務に本質的なことではない可能性がある。その場合は、周囲を巻き込むことが難しいことを覚悟する必要があるだろう。別の組織の協力を得るなどが考えられる場合には、解決可能な課題になりうる。
　この周りの協力を得て解決できそうな問題を選ぶことが課題抽出である。ここで大切なのは、いかにデザインしても解決できない課題を選ばないことである。組織の業務に本質的で自分の問題と深い

関連があり、解決の姿がイメージできる課題を選んで、その課題が解決された姿を1行で表してみる。それが目的設定となる。

④ GPIO サイクルを作成

　目的を設定したら、それを達成する計画を作る。これはコミュニケーションデザインにおける計画であるので、「誰が、あるいは誰と誰がどういう状態になるのか」について2、3行で記した文章で十分である。会社での業務で作成するようなガントチャート（工程管理表）のようなものを書こうとするのではなく、誰（主語）がどういう状態になる（述語）という主述の関係がねじれないように、不明確にならないように考えることが大切である。目的達成が人と人の関係性において達成された姿が計画となると覚えておくと、目的と計画との関係がぶれない。

　計画を決めたら、これを実現するための実践を考える。この実践にはいくつかの段階が考えられるだろう。自分の組織の問題解決を目指すのだから、⑤で述べるようなコミュニケーションへの参加のフォーマット（形式）を考えることが実践の中心になるだろう。ただし、このフォーマットは必ずしも対面である必要はない。

　考察には、目的の達成を何で評価するのかについての具体的な項目を記す。その項目が達成されていれば目的が達成されていることになるので、必ず疑問形で書く。

　GPIOサイクルを作成するときに大切なことは、最後の考察まで一気に考えることである。GPIOがつながっているかどうかは、サイクルとして全体を俯瞰してみなければわからない。細部にこだわったり、計画と実践のつながりばかりに目を奪われたりすると全体として一貫しない、つまり、使えないサイクルを作ってしまうことになる。

⑤実践のデザインとしての参加のフォーマットを作成

　参加のフォーマットとは、人々のコミュニケーションの場への参加の方式のことである。ここでの課題は、自分の組織の課題であるので、必然的に、どのように人々とコミュニケーションの場を作るか、あるいは、その場に招くかという問題が含まれる。参加のフォーマットは、会議やワークショップや朝の会などフォーマルなものばかりではなく、食事会やパーティー、場合によってはカラオケなどインフォーマルなフォーマットも計画によってはありうる。大切なのは、フォーマットと全体としての実践のデザインがあっていることである。

⑥デザインの結果について考察

　GPIOサイクル作成において一番大切なことは目的の設定だということを述べたが、次に大切なのは、目的が達成したことを何で測るかについて評価のポイントを決めておくことである。この二つはセットで考えたほうがいい。多職種連携の新しい職場のような場合には、目的に対する評価ポイントをあらかじめ決められないので第9章で見たような分析が必要になるが、自分がよく知っている組織の場合にはセットで考え、サイクルが一巡したときの結果の予想についても考えておいたほうがいい。

⑦他者のコメントを統合した問題解決の道筋

　前の段階までに考えたことをレポート、あるいはパワーポイント（PPT）にまとめ、クラスで発表し、他の人からコメントをもらうことが最後の段階である。ひとりで考えている読者も、レポートや図に書いてみることを勧める。そしてその内容を友人や信頼できる人

に話し（雑談の中で要点だけを話してもいいだろう）、コメントをもらい、そのコメントを入れてストーリーを作り、首尾一貫した話になっているかどうか、GPIOのつながりが悪いところはないか、実現可能な道筋になっているかを確認する。

コミュニケーションデザインの限界

　前にも述べたように、コミュニケーションのみによって問題を解決することはできない。問題解決のためには、必ずそれぞれの立場での権力が作用することが必要である。しかし、コミュニケーションが権力作用に付随して生じるもののみであったら、「わたし」が関与し、わたしがデザインした問題解決はできない。コミュニケーションデザイン、その内実であるGPIOサイクルは、複雑な権力作用の中で生じる問題群の中で主体的に問題を解決しようとする人の羅針盤のようなものである。羅針盤という道具そのものというよりは、動くものの中で位置を確かめようとする羅針盤的な考え方といったほうがいいかもしれない。

　また、ここまで書いてきたことを読むと、コミュニケーションは相互構築的なものであるといいながら、デザインそのものがデザイナー中心で相互行為を構築するモデルになっていないという批判もあるだろう。そのとおりである。問題やコミュニケーションは相互に構築するものであるが、問題解決の道筋は相互作用の中で自然にできるものではない。もちろん、問題解決過程における個別のコミュニケーションは相互に構築されるものだろう。その中で道筋が次第に明らかになるということはあるかもしれない。しかし、その相互作用にも始まりがある。どのように問題を解決するかという道筋は誰かがデザインしなければ始まらないのではないか。多くの問題で、暗黙に根拠なくあるいは明確な意思もなく行われているそのデザイン（前例に従うなどはその典型）に意思と根拠を持ち込もうと

するのが、本書が提案するコミュニケーションデザインであるともいえるだろう。

> **課題10** 同じ組織に属する人同士で問題解決の道筋の発見を目指す7ステップスをワークショップ形式で実施してみよう。組織のメンバーがそれぞれ違うストーリーをもっているのか、かなり似ているのか比較することによって、組織の問題の布置が質的な方法で明らかになるような工夫をしてみよう。

あとがき

　本書は、私が2001年9月に東京工業大学に赴任してから2013年10月までの研究のトピックスを集大成したものである。

　12年間を文系の研究者として、世界的にトップレベルの研究水準を誇る理工系大学の教員として過ごす中で、様々な問題を社会、技術、コミュニケーションの3点で把握する視点が生まれ、様々な分野で様々な分析手法を試してきた。本書では、それらの研究を「コミュニケーションデザイン」という観点から、読者が自分の日常に照らして理解してもらえるように書いたつもりである。

　本書で紹介した研究は、いずれも私ひとりでできるものではない。コラムを執筆してくださった川本思心氏とは、2007年から2012年まで私の研究室で研究のパートナーとして、多くの論文を書いてきた。「裁判員制度のコミュニケーション研究会」（通称評議研）のメンバーとは、現在、これまでの裁判員制度における評議の研究をまとめた本を執筆中である。本書にたびたび登場する静岡県掛川市役所のみなさんには、研究に対し全庁的なバックアップをいただいた。

　また、東京工業大学イノベーションマネジメント研究科技術経営専攻では、「コミュニケーションデザイン論」という講義を2010年から担当し、その授業での社会人学生との議論が本書執筆の出発点となっている。

　良き研究仲間、刺激的な意見を述べる学生、フィールドを提供してくださった掛川市のみなさん、研究室事務を補佐してくださった古野由美子さん、本書執筆を長い年月伴走してくださったくろしお出版の池上達昭さん、そしていつも暖かく見守ってくれた私の家族のおかげで本書を執筆することができた。心から御礼申し上げたい。

西條美紀

参考文献

本書を深く理解するために必要な文献を以下にあげる。本書の脚注と重複する部分もあるが、学習の手引きとして使ってほしい。

コミュニケーションデザイン

大塚裕子・野原佳代子 2009 「議論はどのように整理するのか—困ったときの対処法」『判例時報』2052, 10-17.

岸勇希 2008 『コミュニケーションをデザインするための本』電通

佐藤可士和 2007 『佐藤可士和の超整理術』日本経済新聞社

森本郁代 2009 「評議設計はなぜ必要なのか—評議の課題と設計の方法」『判例時報』2050, 4-11.

西條美紀 2009 「より納得できる評議へ—議論の統合の手法と今後の課題」『判例時報』2053, 3-9.

西條美紀・高木光太郎・守屋克彦 2009 「裁判員評議における評議デザイン論の展開(1) 論告分析型評議の提案—裁判員が実質的に関与する評議の実現のために」『法律時報』81(8), 83-93.

科学技術コミュニケーション

梶雅範・西條美紀・野原佳代子(編) 2009 『科学技術コミュニケーション入門—科学・技術の現場と社会をつなぐ』培風館

隈本邦彦他 2008 「津波のリスクを地域住民が正しく知るための手法の開発と評価—科学者と市民の直接対話を重視した2つのイベントの経験から」『科学技術コミュニケーション』4, 3-18.

西條美紀・野原佳代子・日下部治 2007 「恒常的な科学技術コミュニケーションの実現に向けて—インターンシップを中心とした教育プログラムの報告」『科学技術コミュニケーション』1, 25-35.

千葉和義・仲矢史雄・真島秀行 2007 『サイエンスコミュニケーション—科学を伝える5つの技法』日本評論社

藤垣裕子・廣野喜幸(編) 2008 『科学コミュニケーション論』東京大学出版会

三上直之他 2009 「「ナノテクノロジーの食品への応用」をめぐる三つの対話—アップストリーム・エンゲージメントのための手法の比較検討」『科学技術コミュニケーション』6, 50-66.

談話研究

国立国語研究所　1957　『国立国語研究所報告11　敬語と敬語意識』http://www.ninjal.ac.jp/s_data/drep/report_nijla/R0011.PDF

国立国語研究所　1971　『国立国語研究所報告41　待遇表現の実態―松江24時間調査から』http://www.ninjal.ac.jp/s_data/drep/report_nijla/R0041.PDF

近藤彩　2004　「会議におけるコミュニケーションスタイルに関する事例研究」『アメリカ・カナダ大学連合日本研究センター紀要』27, 24-40.

西條美紀　1999　『談話におけるメタ言語の役割』風間書房

西條美紀　2005　「接触場面の非対称性を克服する会話管理的方略」『社会言語科学』8(1), 166-180.

西條美紀他　2009　「トキ野生復帰と地域の活性化に関するワークショップにおける地元参加者の発話機能―科学技術リテラシーと話題区分の観点から」『社会言語科学会第24回研究大会発表論文集』pp. 30-33.

ザトラウスキー，ポリー　1993　『日本語の談話の構造分析―勧誘のストラテジーの考察』くろしお出版

渋谷勝己　1999　「国語審議会における国語の管理」『社会言語科学』2(1), 5-14.

ジョーンズ，キンベリー　1993　「日本人のコンフリクト時の話し合い―アメリカ人研究者から見た場合」『日本語学』12(4), 68-74.

杉戸清樹　1983　「待遇表現としての言語行動―「注釈」という視点」『日本語学』2(7), 32-42.

橋内武　1999　『ディスコース―談話の織りなす世界』くろしお出版

本田厚子　1999　「日本のテレビ討論に見る対立緩和のルール」『言語』28(1), 58-64.

南不二男　1974　『現代日本語の構造』大修館書店

Brown, G. & Yule, G.　1983　*Discourse Analysis*. Cambridge: Cambridge University Press.

Jaworski, A. & Coupland, N.　1999　*The Discourse Reader*. London and NewYork: Routledge.

Markova, I. & Foppa, K. (Eds.)　1991　*Asymmetries in Dialogue*. Hertfordshire: Harvester Wheatsheaf.

Jakobson, R.　1980　*The Framework of Language*. Ann Arbor: Michigan Slavic PubMichigan Studies in the Humamities.［池上嘉彦・山中桂一（訳）　1984　『言語とメタ言語』勁草書房］

Levinson, S. C.　1983　*Pragmatics*. Cambridge: Cambridge University Press.［安井稔・奥田夏子（訳）1990　『英語語用論』研究社］

Linell, P.　1998　*Approaching Dialogue: Talk, Interaction and Contexts in Dialogical Perspectives*. Amsterdam/Philadelphia: John Benjamins.

Schiffrin, D.　1994　*Approaches to Discourse*. Oxford: Blackwell.

Schiffrin, D., Tannen, D. & Hamilton, H. E.　2001　*The Handbook of Discourse Analysis*. Oxford: Blackwell Publishing.

Sinclair, J. & Coulthard, M.　1975　*Towards an Analysis of Discourse: The English Used by Teachers and Pupils*. Oxford: Oxford University Press.

Stubbs, M.　1983　*Discourse Analysis: The Sociolinguistic Analysis of Natural Language*. Oxford: Basil Blackwell.［南出康世・内田聖二（訳）　1989　『談話分析―自然言語の社会言語学的分析』研究社出版］

Szartrowski, P. (Ed.)　2004　*Hidden and Open Conflict in Japanese Conversational Interaction*. Tokyo: Kurosio.

会話研究

Drew, P. & Heritage, J.　1992　Analyzing Talk at Work: An Introduction. In P. Drew & J. Heritage (Eds.), *Talk at Work*. pp. 3-65. Cambridge: Cambridge University Press.

Drew, P.　1992　Contested Evidence in a Courtroom Cross-examination: The Case of a Trial for Rape. In P. Drew & J. Heritage (Eds.), *Talk at Work*. pp. 470-520. Cambridge: Cambridge University Press.

Goodwin, C.　1981　*Conversational Organization: Interaction between Speakers and Heareres*. New York: Academic Press.

Halliday, M. A. K. & Hasan, R.　1976　*Cohesion in English*. London: Longman.

Heritage, J.　2005　Conversation Analysis and Institutional Talk. In K. L. Fitch & R. E. Sanders (Eds.), *Handbook of Language and Social Interaction*. pp. 103-148. Mahwah, NJ: Lawrence Erlbaum Associates.

Sacks, H., Shegloff, E. & Jefferson, G.　1974　A Simplest Systematics for the Organization of Turn-taking for Conversation. *Language*, 50(4), 696-735.

相互作用分析

ネウストプニー, J.V.　1999　「日本の言語問題―巻頭言にかえて」『社会言語科学』2(1), 1-4.

ファン, サウクエン　1999　「非母語話者同士の日本語会話における言語問題」『社会言語科学』2(1), 37-48.

坊農真弓・高梨克也（編）　2009　『多人数インタラクションの分析手法』オーム社

箕浦康子　1990　『文化のなかの子ども』東京大学出版会

森本郁代他　2006　「グループ・ディスカッションの相互行為過程の評価と分析のための指標―フォーカス・グループ・インタビューデータの分析から」『インターフェース学会論文誌』8 (1), 117-128.

Daikuhara, M.　1986　A study of Compliments from a Cross-cultural Perspective: Japanese vs. American English. *Working Papers in Educational Linguistics*, 2,

103-133.

Laing, R. D. 1985 *Wisdom, Madness, and Folly: The Making of a Psychiatrist*. London: Macmillan Limited.［中村保男（訳）2002 『レインわが半生　精神医学への道』岩波現代文庫　岩波書店］

Marriott, H. 1995 The Acquisition of Politeness Patterns by Exchange Students in Japan. In B. F. Freed (Ed.), *Second Language Acquisition in a Study Abroad Context*. pp. 197-224. Amsterdam: John Benjamins.

Neustupny, J. V. 1985 Problems in Australian Japanese Contact Situations. In J. Pride (Ed.), *Cross-cultural Encounters: Communication and Miscommunication*. pp. 44-64. Melbourne: River Seine.

Scollon, R., Scollon, S. W., & Jones, R. H. 1995 *Intercultural Communication: A Discourse Approach, Second edition*. Oxford: Blackwell.

Suchman, L. 1987 *Plans and Situated Actions: The Problem of Human-Machine Communication*. Cambridge: Cambridge University Press.［佐伯胖（監訳）1999 『プランと状況的行為―人間‐機械コミュニケーションの可能性』産業図書］

質的分析

木下康仁　1999　『グラウンデッド・セオリー・アプローチ―質的実証研究の再生』弘文堂

木下康仁　2003　『グラウンデッド・セオリー・アプローチの実践―質的研究への誘い』弘文堂

澤田英三・南博文　2001　「質的調査―観察・面接・フィールドワーク」　南風原朝和・市川伸一・下山晴彦（編）『心理学研究法入門―調査・実験から実践まで』東京大学出版会　pp. 19-62.

松嶋秀明　2005　「教師は生徒指導をいかに体験するか？―中学校教師の生徒指導をめぐる物語」『質的心理学研究』4, 165-185.

八木真奈美　2004　「日本語学習者の日本社会におけるネットワークの形成とアイデンティティの構築」『質的心理学研究』3, 157-172.

やまだようこ（編著）　1997　『現場心理学の発想』新曜社

やまだようこ　2003　「「実験心理学」と「質的心理学」の相互理解のために」『質的心理学研究』2, 158-163.

矢吹理恵　2004　「日米国際結婚夫婦の妻におけるアメリカ文化に対する同一視」『質的心理学研究』3, 94-111.

Glaser, B. & Strauss, A. 1967 *The Discovery of Grounded Theory: Strategies for Qualitative Research*. Chicago: Aldine.［後藤隆・大出春江・水野節夫（訳）1996 『データ対話型理論の発見―調査からいかに理論を生みだすか』新曜社］

Strausss, A. & Corbin, J. 1990 *Basics of Qualitative Research: Grounded Theory*

Procedures and Techniques. Thousand Oaks: Sage.

Wertch, J. V. 1991 *Voices of the Mind: A Sociocultural Approach to Mediated Action.* Cambridge, MA: Harvard University Press.［田島信元ほか（訳）1995 『心の声――媒介された行為への社会文化的アプローチ』 福村出版］

心理学と談話

秋田喜代美 1998 「談話」日本児童研究所（編）『児童心理学の進歩〈1998年版〉』金子書房 pp. 53-73.

石黒広昭（編） 2001 『AV機器を持ってフィールドへ――保育・教育・社会的実践の理解と研究のために』新曜社

磯村陸子・町田利章・無藤隆 2005 「小学校低学年クラスにおける授業内コミュニケーション――参加構造の転換をもたらす「みんな」の導入の意味」『発達心理学研究』16(1), 1-14.

内田伸子 1999 『発達心理学――ことばの獲得と教育』岩波書店

遠藤信一 1992 「重度・重複障害幼児の意志の表出を促す取り組み」『特殊教育学研究』29(4), 21-25.

大河内佑子 2005 「談話における推論」日本児童研究所（編）『児童心理学の進歩〈2005年版〉』金子書房 pp. 61-85.

大村彰道（監修）秋田喜代美・久野雅樹（編） 2001 『文章理解の心理学――認知、発達、教育の広がりの中で』北大路書房

小倉啓子 2002 「特別養護老人ホーム新入居者の生活適応の研究――「つながり」の形成プロセス」『老年社会科学』24(1), 61-70.

小倉啓子 2005 「特別養護老人ホーム入居者のホーム生活に対する不安・不満の拡大化プロセス――'個人生活ルーチン'の混乱」『質的心理学研究』4(4), 75-92.

尾見康博・伊藤哲司（編） 2001 『心理学におけるフィールド研究の現場』北大路書房

蠣波朋子・三好史・麻生武 2002 「幼児同士の共同意思決定場面における対話の構造」『発達心理学研究』13(2), 158-167.

亀井美弥子 2006 「職場参加におけるアイデンティティ変容と学びの組織化の関係――新人の視点から見た学びの手がかりをめぐって」『発達心理学研究』17(1), 14-27.

西條美紀 2007 「談話研究」日本児童研究所（編）『児童心理学の進歩〈2007年版〉』金子書房 pp. 89-117.

下山晴彦 1997 『臨床心理学研究の理論と実際――スチューデント・アパシー研究を例として』東京大学出版会

園田雅代 2005 「「自己の語り」の研究――その現状と課題」 日本児童研究所（編）『児童心理学の進歩〈2005年版〉』金子書房 pp. 159-180.

高木光太郎 2001 『ヴィゴツキーの方法――崩れと振動の心理学』金子書房

高木光太郎・大橋靖史　2005　「供述の信用性評価における言語分析的アプローチの展開」『心理学評論』48(3), 365-380.

谷口明子　2004　「病院内学級における教育実践に関するエスノグラフィック・リサーチ—実践の"つなぎ"機能の発見」『発達心理学研究』15(2), 172-182.

遠矢浩一　2000　「発達障害児の療育形態とセラピストの伝達・応答行動の関係性」『発達心理学研究』11(2), 100-111.

外山紀子　2000　「幼稚園の食事場面における子どもたちのやりとり—社会的意味の検討」『教育心理学研究』48(2), 192-202.

中邑啓子　2005　「言語獲得」日本児童研究所（編）『児童心理学の進歩〈2005年版〉』金子書房　pp. 33-60.

中村和夫　1998　『ヴィゴーツキーの発達論—文化−歴史的理論の形成と展開』東京大学出版会

南部美砂子・原田悦子・須藤智・重森雅嘉・内田香織　2006　「医療現場におけるリスク共有コミュニケーション」*Cognitive Studies*, 13(1), 62-79.

原田杏子　2004　「専門的相談はどのように遂行されるか—法律を題材とした質的研究」『教育心理学研究』52(3), 344-355.

針生悦子　1999　「言語獲得」　日本児童研究所（編）『児童心理学の進歩〈1999年版〉』金子書房　pp. 81-109.

平井美佳・高橋惠子　2003　「友だち関係における文化—ジレンマ課題と友情概念の検討」『心理学研究』74(4), 327-335.

茂呂雄二（編）　1997　『対話と知—談話の認知科学入門』新曜社

Bruner, J.　1985　The Role of Interaction Formats in Language Acquisition. In J. P. Forgas (Ed.), *Language and Social Situations*. pp. 31-46. NewYork: Springer-Verlag.

Kintsch, W., & van Dijk, T. A.　1978　Towards a Model of Text Comprehension and Production. *Psychological Review*, 85(5), 363-394.

司法と談話

アラン・デュラント・斎藤兆史（訳）　2002　「言語と法の問題」石田英敬・小森陽一（編）『社会の言語態』東京大学出版会　pp. 253-281.

仲真紀子　2001　「子どもの面接—法廷における「法律家言葉」の分析」『法と心理』1(1), 80-92.

法と心理学会　ガイドライン検討会　2005　「目撃供述・識別手続に関するガイドライン—2004年10月1日　ガイドライン検討会案」『法と心理』4(1), 138-152.

Aldridge, M. & Wood, J.　1998　*Interviewing Children: A Guide for Child Care and Forensic Practitioners*. Chi Chester: Wiley.

Kebbell, M. R. & Johnson, S. D.　2000　Lawyer's Questioning: The Effect of

Confusing Question on Witness Confidence and Accuracy. *Law and Behavior*, 24(6), 629-641.

Perry, N. W., McAuliff, B. D., Tam, P., Claycomb, Dostral, L., & Flanagan, C. 1995 When Lawyers Question Children: Is Justice Served? *Law and Human Behavior*, 19(6), 609-629.

合意形成

足立重和　2002　「公共事業をめぐるディスコミュニケーション――長良川河口堰問題を事例として」『都市問題』93(10), 43-55.

桑子敏雄　2005　「提案のための文法――市民参加とコミュニケーション」『感性哲学――特集コミュニケーションデザインの哲学』5, 64-78.

豊田光世・山田潤史・桑子敏雄　2008　「「佐渡めぐり移動談議所」によるトキとの共生に向けた社会環境整備の推進に関する研究」『自然環境復元研究』4, 51-60.

羽鳥剛史・越水一雄・小林潔司　2004　「公共プロジェクトをめぐる認識の不一致と合意形成」『都市計画学会論文集』39, 685-690.

脇田健一　2002　「コミュニケーション過程に発生する「状況の定義のズレ」」『都市問題』93(10), 57-67.

科学技術リテラシー

経済協力開発機構・国立教育政策研究所（監訳）　2007　『PISA2006年調査　評価の枠組み――OECD生徒の学習到達度調査』ぎょうせい

北原和夫　2008　『21世紀の科学技術リテラシー像～豊かに生きるための智～プロジェクト　総合報告書』http://www.science-for-all.jp/minutes/download/report-sougou.pdf

川本思心・中山実・西條美紀　2008　「科学技術リテラシーをどうとらえるか――リテラシークラスタ別教育プログラム提案のための質問紙調査」『科学技術コミュニケーション』3, 40-60.

西條美紀　2009　『研究領域「科学技術と人間」研究開発プログラム「21世紀の科学技術リテラシー」研究開発プロジェクト「科学技術リテラシーの実態調査と社会的活動傾向別教育プログラムの開発」研究実施終了報告書』http://www.ristex.jp/examin/science/literacy/pdf/fin_saijo.pdf

西條美紀・川本思心　2008　「社会関与を可能にする科学技術リテラシー――質問紙の分析と教育プログラムの実施を通じて」『科学教育研究』32(4), 378-391.

田中久徳　2006　「科学技術リテラシーの向上をめぐって――公共政策の社会的合意形成の観点から」『リファレンス』56(3), 57-83.

内閣府大臣官房政府広報室　2007　『科学技術と社会に関する世論調査』http://www8.cao.go.jp/survey/h19/h19-kagaku/index.html

松井美紀　2002　「日本における科学リテラシーに関する研究動向」『情報の科学と技術』52(11), 562-568.

文部科学省科学技術政策研究所　2008　「インターネットを利用した科学技術に関する意識調査の試み」*Discussion Paper* 45. http://www.nistep.go.jp/achiev/ftx/jpn/dis045j/idx045j.html

文部科学省科学技術政策研究所　2001　「科学技術に関する意識調査―2001年2～3月調査」*NISTEP Report* 72. http://www.nistep.go.jp/achiev/ftx/jpn/rep072j/pdf/rep072j.pdf

American Association for Advancement of Science　1991　*Science for All Americans: Project 2061.* Oxford: Oxford University Press.

Bauer, M. W., Allum, N. & Miller, S.　2007　What can We Learn From 25years of PUS Research? Liberating and Widening the Agenda. *Public Understanding of Science,* 16(1), 79-95.

Bodmer, W.　1985　*The Public Understanding of Science.* London: The Royal Society.

Gibbons, M.　1994　*The New Production of Knowledge: The Dynamics of Science and Research in Contemporary Societies.* London: Sage.［小林信一（訳）　1997　『現代社会と知の創造―モード論とは何か』丸善］

Kawamoto, S., Nakayama, M., & Saijo, M.　2013　A Survey of Scientific Literacy to Provide a Foundation for Designing Science Communication in Japan. *Public Understanding of Science,* 22(6), 674-690.

Miller, J. D.　1998　The Measurement of Civic Scientific Literacy. *Public Understanding of Science,* 7(3), 203-223.

Office of Science and Technology, the Wellcome Trust　2000　*Science and the Public: A review of Science Communication and Public Attitude to Science in Britain.* http://www.wellcome.ac.uk/stellent/groups/corporatesite/@msh_peda/documents/web_document/wtd003419.pdf

Office of Science and Technology, Department of Trade and Industry　2005　*Science in Society: Findings from Qualitative and Quantitative Research.* http://www.bis.gov.uk/files/file14950.pdf

Ravetz, J. R.　1999　What is Post-normal Science. *Futures,* 31, 647-653.

Research Councils UK, Department for Innovation, Universities & Skills.　*2008 Public Attitude to Science 2008 Survey.* http://www.rcuk.ac.uk/documents/scisoc/pas08.pdf

Roberts, D. A.　2007　Scientific Literacy/Science Literacy. In Abell, S. & Ledermann, N. (eds.), *Handbook of Research on Science Education.* pp. 729-780. Mahwah, NJ: Lawrence Erlbaum Associates.

Shen, B. S. P.　1975　Science Literacy and the Public Understanding of Science. In Day, S. B. (Ed.), *Communication of Scientific Information.* pp. 44-52. Basel: Karger.

Shukla, R. & Bauer, M. 2009 *Construction and Validation of Science Culture Index: Results from Comparative Analysis of Engagement, Knowledge and Attitudes to Science: India and Europe. Working Paper No.100. National Council of Applied Economic Research.* http://www.ncaer.org/Downloads//WorkingPapers/WP100.pdf

Weinberg, A. M. 1972 Science and Trans-Science. *Minerva*, 10(2), 209-222.

文章研究

久野暲　1978　『談話の文法』大修館書店

佐久間まゆみ　1987　「「文段」認定の一基準(I)—提題表現の統括」『文藝言語研究言語編』11, 89-135.

佐久間まゆみ　2000　「文章・談話における「段」の構造と機能」『早稲田大学日本語研究教育センター紀要』13, 67-84.

時枝誠記　1960　『文章研究序説』山田書院

永野賢　1986　『文章論総説—文法論的考察』朝倉書店

半澤幹一　1990　「文章と談話のあいだ」寺村秀夫・佐久間まゆみ・杉戸清樹・半澤幹一（編）『ケーススタディ日本語の文章・談話』おうふう　pp. 106-117.

統計

青木繁伸　2002　「質問紙調査法における尺度構成—インターネットによるデータ収集—」柳井晴夫ほか（編）『多変量解析実例ハンドブック』朝倉書店　pp. 541-561.

金光淳　2003　『社会ネットワーク分析の基礎—社会的関係資本論にむけて』勁草書房

鈴木努　2009　『ネットワーク分析—Rで学ぶデータサイエンス8』共立出版

野沢慎司（編・監訳）　2006　『リーディングス ネットワーク論—家族・コミュニティ・社会関係資本』勁草書房

平松闊・宮垣元・星敦士・鵜飼孝造　2010　『社会ネットワークのリサーチ・メソッド—「つながり」を調査する』ミネルヴァ書房

増田直紀　2007　『私たちはどうつながっているのか—ネットワークの科学を応用する』中央公論新社

増田直紀・今野紀雄　2005　『複雑ネットワークの科学』産業図書

増田直紀・今野紀雄　2006　『「複雑ネットワーク」とは何か—複雑な関係を読み解く新しいアプローチ』講談社

増田直紀・今野紀雄　2010　『複雑ネットワーク—基礎から応用まで』近代科学社

安田雪　1997　『ネットワーク分析—何が行為を決定するか』新曜社

安田雪　2001　『実践ネットワーク分析―関係を解く理論と技法』新曜社

安田雪　2010　『「つながり」を突き止めろ　入門！ネットワーク・サイエンス』光文社

Barabási, A.　2002　*Linked: The New Science of Networks*. Cambridge, MA: Perseus Publishing［青木薫（訳）　2002　『新ネットワーク思考―世界のしくみを読み解く』NHK出版］

Watts, D. J.　2004　*Six Degrees: The Science of a Connected Age*. New York:W. W. Norton & Company［辻竜平・友知政樹（訳）2004　『スモールワールド・ネットワーク―世界を知るための新科学的思考法』阪急コミュニケーションズ］

索 引

A

action research 60

G

GPIO サイクル 4
GPIO サイクルを作成 197
GPIO のつながり 199

T

they-code 152, 153

W

we-code 152

い

意味の共同構築 11, 13

お

オーディエンスデザイン 44
オレオレ詐欺 162
オレオレ詐欺の談話の構造 164

か

解釈のチャンク 195
解説 133
掛川市 60
仮説形成的推論 36

課題抽出 196
関係性の再構築 146

き

聞き返し 175
記号 12
技術者のジレンマ問題 148
疑心暗鬼 79
疑心を管理する 177
規範 169
協調の原則 15
共同構築モデル 19
ギルベインゴールドケース 149

け

敬語 145
刑事裁判 106
敬体 145
言語技術 143
言語トラップ 162
言語表出の相 132
権力作用 199
権力に関わる問題 7

こ

公共的な問題 3
公共の広場 48
肯定的なコメント 184

合理性の葛藤 56
合理的行動 56
合理的無知 56
高齢者 73
コードスイッチング 152
コミュニケーション 171
コミュニケーションデザイン 3
コメント 171
コメントマップ 195
困難事例 75

さ

再帰的な発話 163
再生可能エネルギー 53
裁判員制度 99
殺意 117
殺意認定のスキーマ 119
参加のフォーマット 197

し

シグナルの文脈化 20
自己コメント 87
事実認定 99
四相の言葉 132
実践形 143
実用的正統性 105
社会実験 60
「修正」のサイクル 146
十全参加 123
証言対照表 128
常体 145
ジレンマ 142

す

スピーチスタイルシフト 144

せ

正統性 100
正統性のある判決 107
制度的な会話 23
整理 133
セクシュアルハラスメント 143
説得 42
説明番組 39
7ステップス 194
宣言 133
選択的知覚 36
専門職 74

そ

相互行為 78
争点 117
素朴交渉 121

た

対応分析 187
太陽光発電 56
対話 2
他者コメント 87
多職種連携 74
談話管理 132, 166
談話管理者 166
談話管理的な犯罪 163
談話管理の主導権 175

ち

地域包括ケアシステム 77
知識の初期値 166
陳述 133

て

ディスコミュニケーション 17
手順 123

と

導管メタファー 13
道具 128
登場要素 168
登場要素の管理 174
道徳的正統性 105
トラップ 170
トランスクリプション 159
鳥の目 128

に

認識的正統性 105

は

ハーバーライト事件 116
発話順番 16
発話連鎖 89
ハラスメントとジレンマの進行 141

ひ

評価型評議 108
評価のポイント 198
評議 99
評議研 101

評議のデザイン 101

ふ

ふくしあ 180
付箋紙法 85
プロパガンダ 28
文脈 140
文脈を拡大する 154
分類表 183

む

虫の目 128

め

メタコミュニケーション 132, 162
メタコミュニケーションの次元 171
メタレベル 172

も

目的設定 197
問題解決の優先順位 196
問題概要の記述 196

や

やらせメール事件 38

ら

ライブレコーディング 128

り

利己的なデザイン 192
理想の評議 102
量刑 99

量刑事情　126
量刑事情マトリックス　111
量刑判断　110
隣接応答ペア　89

ろ

6事業の課題　183
論告分析型評議　107

［著者紹介］

西條美紀（さいじょう・みき）

東京工業大学　環境・社会理工学院　融合理工学系　教授
人文科学博士

1998年お茶の水女子大学大学院人間文化研究科比較文化学専攻修了。早稲田大学日本語研究教育センター客員講師、東京工業大学留学生センター助教授などを経て、2010年より現職。
専門は、社会言語学（談話分析）、日本語教育、科学技術コミュニケーション。

著書に『談話におけるメタ言語の役割』風間書房。共編著に『科学技術コミュニケーション入門―科学・技術の現場と社会をつなぐ』培風館、梶雅範・野原佳代子と共編。分担執筆に、*Meta-informative Centering in Utterances: Between Semantics and Pragmatics.* Edited by André Włodarczyk and Hélène Włodarczyk, pp. 183-192. Amsterdam/Philadelphia: John Benjamins.

［コラム執筆］川本思心（かわもと・ししん／北海道大学准教授）
［イラスト］大坪佳正（14・19・47・62・82ページ）／㈱スペースタイム　栖木佑佳（63ページ）

コミュニケーションデザイン

2014年 3月 1日　第1刷発行
2023年 1月 31日　第2刷発行

著　者　　西條美紀

発行人　　岡野秀夫

発　行　　株式会社　くろしお出版
　　　　　〒102-0084　東京都千代田区二番町4-3
　　　　　電話：03-6261-2867　FAX：03-6261-2879　WEB：www.9640.jp

印刷所　　藤原印刷株式会社　／　装丁　大坪佳正

©Miki Saijo 2014, Printed in Japan
ISBN978-4-87424-613-9 C1036

本書の全部または一部を無断で複製することは，著作権法上での例外を除き禁じられています。